갈대

당진문화재단
2019 당진 올해의 문학인 선정작품집

김종범 수필집

갈대

약한 바람에도 금방 부러질 것 같은 가냘픈…

도서출판 천우

겸손은 무능 때문이었다

글 쓴다는 것은 필자의 많은 것을 독자들에게 노출시키는 것이다. 삶의 모습을 과장해서 미화시킬 수도 있지만 부끄러운 치부를 드러낼 수도 있다. 살아가는 모습을 주제로 글을 쓴다면 마음속 깊은 곳에 있는 내면을 가식 없이 순수하게 표현할 때 독자들이 공감할 것이다.

필자는 삶을 주제로 글을 쓸 때 '겸손'과 '대기만성'을 주제로 글을 쓰곤 하였다. 대기만성(大器晩成)은 『노자』에 나오는 고사성어다. 글자 그대로 큰 그릇을 만드는 데는 시간이 오래 걸린다는 의미로 크게 될 인물은 오랜 공적을 쌓아 만년(晩年)이 되어 성공한다는 뜻으로 말한다. 교직에서 정년퇴임 후 늦게 문단에 입문한 핑계이기도 하다.

대기만성을 말하면서 모세가 80세에 하나님의 부르심을 받아 이스라엘 민족을 애굽에서 해방시키라는 명을 수행한 것을 거울삼고 있다. 모세가 자신의 무능함 때문에 하나님의 명을 수행할 수 없다고 간청했던 것이 겸손으로 비친다면 겸손은 자신의 무능을 진실하고 솔직하게 드러낸 것이다.

필자 삶의 모습을 가식 없이 순수하게 표현했는지 가미된 문학적인 기교가 독자들에게 감명을 줄 수 있는 글인지 생각한다면 부끄러운 치부를 드러낸 졸작임을 솔직히 고백한다.

파스칼은 『팡세』에서 사람을 '생각하는 갈대'라고 했다. 인간이 대자연 속에서 한 개의 갈대처럼 가냘프고 연약하지만 인간의 생각은 우주를 포용할 수 있는 위대성을 지니고 있다는 뜻이다.

지방지에 기고했던 글 중에는 외롭게 서 있는 갈대에 불어닥친 돌풍 같은 사연이 있기도 하다. 앞뒤 가리지 못한 두서없는 글로 교직에서 인사 불이익을 받았던 일, 선거철 조직폭력배들의 위협 그리고 교단에서는 장로 직분이 정지당했던 일도 있었다.

책의 제목을 '갈대'라고 했다. 갈대는 약한 바람에도 금방 부러질 것 같은 가냘픈 존재다. 거친 세상에 대처하지 못하는 연약한 필자의 모습을 생각하면서 정한 제목이다.

도저히 하나님 말씀을 감당하지 못한다고 하나님께 명령을 거두어 달라고 간청했을 때 하나님께서는 모세에게 능력을 주셨고, 이스라엘 민족은 모세를 통해서 보여주시는 하나님의 능력을 믿고 따른 것이다.

책의 제목 '갈대'에 수식어 '생각'을 넣을까도 생각했지만 너무 부족하고 부끄러운 글임을 알기에 용기도 생기지 않았다. 그냥 약한 바람에도 금방 부러질 것 같은 가냘픈 존재, 그런 글이기 때문이다.

모세에게 주셨던 하나님의 능력이 필자에게도 축복하셔서 갈대의 가냘픈 모습이 우주를 품을 수 있는 주옥같은 글로 많은 독자에게 감동을 주는 위대한 베스트셀러 작가를 꿈꾸며 필자의 변을 대신한다.

2019년 10월에

靜巖 서재에서

1부

공정하고 정의로운 세상

2부

각본 없는 드라마

3부

백년지대계
(百年之大計)

4부

믿음, 소망 그리고 사랑

5부

자기도취에 빠진 글

1부

공정하고 정의로운 세상

+ + +

한반도 전쟁 발발 위기에 벌어지는 적폐청산

트럼프 미 대통령이 지난 9월 19일 유엔총회 연설에서 "미국과 동맹국을 방어해야만 한다면 우리는 북한을 완전히 파괴하는 것 외에는 다른 선택이 없을 것"이라고 했다. 북핵 ICBM(대륙간탄도미사일)이 미국을 실제 위협하는 단계로 갈 경우 전면적 군사 공격에 나선다는 것이다. 트럼프 대통령은 "로켓맨(김정은)이 자살 임무를 수행하고 있다"고도 했다. 연설 직후 미 공군 수뇌부는 "오늘 밤이라도 싸울 준비가 돼 있다"고 부추겼다.

미 의회 내에서도 북한을 그냥 두고 볼 수 없다는 기류와 함께, 트럼프에 더 많은 권한을 주자는 분위기가 형성돼 있다고 한다. 적어도 북핵 문제에 관한 한 대통령과 의회의 인식차가 크지 않다는 것이다. 이것은 트럼프 대통령의 유엔 연설을 '설마'로 넘길 수 없는 이유다.

리용호 북한 외무상은 미국 대통령 트럼프의 유엔 연설을 선전포고로 규정하며 미국 전략폭격기들이 설사 북한 영공을 채 넘어오지 않았다 해도 모든 자위적 대응 권리를 행사하게 될 것이라고 말했다.

김정은은 유례없는 성명을 통해 사상 최고의 초강경 대응 조치를 예고했다. 리용호는 기자들에게 "역대급 수소탄 지상 시험을 태평양상에서 하지 않겠는가"라고 말했다. 북한이 태평양 해상에 실제 수소탄을 터뜨리는 것은 전쟁을 선포하는 것과 다를 바 없다. 수소탄은 원자탄보다 위력이 수천 배 강하다. 미사일을 하와이 쪽 태평양 상공으로 발사해 수소폭탄을 모의 점화하는 실험을 벌일 가능성이 점쳐진다. 미국의 군사기지가 있는 괌의 포위사격 계획을 실행에 옮길 수 있다는 관측도 나온다.

미국과 북한의 전쟁 위기에 대한 진창이(金强一) 연변대 국제정치연구소 소장은 "만약 한반도 전쟁이 발발하면 미국은 1시간 내 북한의 모든 화력 지점들을 파괴할 준비를 해야 한다"면서 "그렇지 않으면 통제 불능의 상태가 될 것"이라고 경고했다. 진 소장은 "한반도 전쟁은 재앙적인 결과를 가져올 것"이라면서 "핵폭발로 인한 방사능 낙진으로 한반도뿐만 아니라 중국에서도 수많은 난민이 발생할 것"이라고 주장했다.

문재인 대통령이 지난 8월 17일 취임 100일 기자회견에서 북의 핵과 미사일 '레드라인'(금지선)에 대해 "ICBM(대륙간탄도미사일)을 완성하고 거기에 핵탄두를 탑재해 무기화하게 되는 것"이라고 규정했다. 미국까지 날아오는 미사일에 핵이 탑재되는 것은 미국이 용납할 수 없는 레드라인이다. 현재 미국 정보기관들은 북이 핵탄두 소형화에 이미 성공했다고 판단하고 있다. 이제 북이 핵탄두의 대기권 재진입 기술을 확보하면 미국의 레드라인을 넘는 것이 된다.

그런데 우리에게로 날아올 북 미사일은 단거리용이어서 대기권 재진입 기술이 그다지 필요 없다. 이미 노동과 무수단 미사일을 고각(高角) 발사해 남한 전역을 타격할 수 있는 능력을 과시했다. 대한민국을 겨냥한 북핵 미사일은 완성됐다고 봐야 한다. 북은 우리 생명이 걸린 레드라인은 이미 넘어버린 것이다. 그런데 문 대통령은 대한민국 레드라인은 놔두고 미국 레드라인만 언급했다. 북이 미국 레드라인을 넘는 것도 우리 안보와 직결된 문제다. 그러나 그에 앞서 우리가 쳐놓은 레드라인을 이미 넘어와 있는데 문 대통령이 그런 북을 향해 "레드라인을 넘지 말라"고 하면 우리 안보는 안중에 없다는 말인가.

북핵 폐기 노력이 실패했을 경우를 상정하지 않을 수 없다. 북이 대한민국 레드라인은 넘고 미국 레드라인은 넘지 않는 선에서 문제가 봉합될 가능성이 있다. 어떤 형태로든 북핵이 인정되고 기정사실화되는 사태다. 그 최대 피해자는 대한민국이다.

북한이 중부 이남 지방에 있는 어느 중소 도시를 향해 수소폭탄을 발사했다고 가정하자 성주에 설치된 사드를 시험하기 위해 남부 지방을 택했지만 인명 피해는 상상을 초월할 것이며 그 참상은 말로 표현하기 어려울 것이다. 이를 보복하기 위해서 미국은 즉각 핵 공격을 대비할 것이다. 하지만 북한에서는 다음 공격 목표가 서울이라고 하며 엄포를 놓는다. 문재인 정부는 서울의 안전을 보장받기 위해서 북한 측에 협상을 요청하며 미국의 보복성 공격을 자제하도록 할 것이다. 북한이 이를 받아들여 남북한 협상이 이루어지겠고 북의 엄포에 협상 결과는 어떻게 나올지 짐작하기 어렵지 않을 것 같다. 60~70년대 우리나라의 많은 젊은이가 희생되었던 월남전쟁의 결과를 연상케 한다. 얼마 전 아베 일본 수상은 한반도에서 전쟁이 일어나 어느 한쪽이 패하여 보트피플(boat people)이 일본에 접근할 경우 총으로 사살하겠다고 했다.

나라 잃은 국민들의 삶이 얼마나 처참하고 고통스러운지 모르는 국민은 없다. 나라를 지켜야하는 안보가 이같이 엄중한데도 정치권에서는 적폐청산이라는 미명하에 조선시대 사화를 연상케 하는 일들이 벌어지고 있다. 식자들 중에는 우리나라의 현재 정국이 베트남전쟁에서 월남이 패망할 당시 정치 상황과 같다고 말한다.

대통령 직속 통일자문기구인 민주평화통일자문회의 자문위원으로 위촉

되었던 이종설 씨가 “대한민국을 움직이는 심장부 청와대가 주사파에게 점령당했다는 의심을 지울 수 없어 문재인 대통령께 경각심을 드리고자 사퇴한다”고 밝혔다. 그러면서 이 위원은 “일국에 대통령을 지낸 연약한 여자를 포승줄에 묶어 끌고 다니며 온 세계에 광고하는 잔인한 짓도 제발 멈춰주시기를 부탁드린다”고 덧붙였다.

조국 근대화의 산업역군을 자부하며 살아온 70~80대는 이 혼란스러운 정국을 바라보며 철통같았던 군사정권 시절에 자유가 제한되기는 했어도 향수처럼 느껴짐은 왠지 모르겠다.

+ + +

김정은의 비핵화 '단계적 조치' 속셈

한반도 정세가 중대한 분수령을 맞고 있다. 문재인 대통령과 김정은 노동당 위원장이 4월 27일 정상회담을 하는 데 이어 도널드 트럼프 미국 대통령과 김 위원장의 정상회담이 5월 말 성사될 전망이다. 한국전쟁 정전협정 당사국인 미국과 북한 정상의 만남은 역사상 처음이다. 북한의 핵 · 미사일 도발로 군사옵션까지 거론되며 일촉즉발의 대립과 긴장 구도가 대화 국면으로 급선회하면서 북한 비핵화를 평화적으로 해결할 수 있는 돌파구가 마련되는 셈이다. 1953년 한국전쟁이 끝난 지 65년 만에 절호의 기회라고 할 수 있다. "훗날 한반도 평화를 일궈낸 역사적 이정표로 기록될 것"이라는 문재인 대통령의 말에 공감이 간다.

이번 남북 정상회담은 이전 두 차례 정상회담과는 근본적으로 다른 상황에서 열린다. 김대중 · 노무현 정부는 비핵화에는 눈을 감고 대북 지원과 교류 · 협력에만 열중했다. 결과적으로 북한의 핵 · 미사일 개발을 지원해준 것이 됐다. 이제 북은 핵보유국을 주장하고 있다. 다른 의제가 있을 수 없다. 북핵 폐기 아닌 다른 의제는 합의해봤자 실현될 수도 없다. 비핵화는 형식적으로 언급하고 또 남북 교류, 대북 지원이나 나열하면 국민을 속이는 것이다.

김정은은 시진핑 중국 주석에게 “한 · 미가 평화 실현을 위한 단계적, 동시적인 조치를 한다면 비핵화 문제는 해결될 수 있다”고 했다. 비핵화한다면서 유엔 제재를 이완시키고 실제 비핵화 과정에는 수많은 난관을 만들어 앞으로 나아갈 수 없게 만들려는 수법이다. 청와대는 북핵 폐기와 북 체제 보장을 한꺼번에 푸는 일괄타결식 해법을 내놓았었다. 그러다 김정은이 중국을 방문해서 시진핑 주석을 만난 자리에서 ‘단계 조치’를 언급하자 방향을 바꿔 ‘단계적 조치와 일괄 조치를 동시에 추진한다’는 식의 말이 나오고 있다.

북한은 동결—불능화—신고—사찰—폐기 같은 단계별 이행 계획을 제시하며 미국이 반대급부로 어떤 보상 조치를 내줄 것인지 요구할 게 분명하다. 주한미군 철수, 핵우산 철회 같은 한미동맹의 근간을 흔드는 요구를 할 수도 있다.

트럼프 대통령은 “과거의 실패는 되풀이하지 않는다”며 ‘선(先) 핵 폐기 후(後) 보상’이라는 일괄타결 구상을 제시하고 있다. 이런 북 · 미 간 간극 사이에서 김정은—트럼프 회담의 접점을 찾아내는 게 문 대통령의 역할이자 가장 고심하는 대목일 것이다.

트럼프 미 대통령은 “한 · 미 자유무역협정(FTA)의 서명을 북한과의 협상이 타결된 이후로 미룰 수 있다”면서 “이것이 매우 강력한 카드이기 때문”이라고 했다. 남북 정상회담을 앞둔 문재인 대통령을 향해 김정은 편을 들지 말라는 것을 우회적으로 압박하고 있다. 거기에다 이제 한국 정부와 북한이 ‘단계 조치’에 합의하고 미국에 이를 들고 오지 말라는 뜻이기도 하다.

북한은 핵 문제는 미국과 협상하고 한국과는 경제 지원 문제만 논의한다는 원칙을 갖고 있다. 이번 정상회담에서도 김정은이 ‘핵 문제는 트럼프 대통령과 얘기하겠다’고 나올 가능성이 있다. 문 대통령에게는 ‘비핵화를 하겠다'는 원론적 언급만 하고 국제사회의 대북 제재망을 흐트러뜨릴 전략에 주력할 수 있는 것이다. 정부가 북의 이런 전략에 호응하게 되면 김정은의 오판을 불러 결과적으로 북핵 폐기에 역행하는 결과를 낳게 된다.

북은 한 달 간격으로 열리는 남북, 미·북 정상회담을 경쟁시켜가며 유리한 결과를 얻어내기 위한 전략을 짜고 있을 것이다. 북이 핵 폐기 외에 다른 출구가 없다는 인식을 갖게 만들려면 남북 정상회담에서부터 비핵화 단일 의제에 집중해야 한다. 북이 핵을 버릴 경우에 펼쳐질 새로운 발전 가능성을 설명하되 모든 것은 핵 폐기와 그 이후 대북 제재가 해제된 뒤의 문제라는 사실을 명확히 해야 한다.

현재 우리가 김정은을 움직일 수 있는 지렛대는 대북 제재밖에 없다. 북과 대화를 이어가면서 끈질기게 비핵화를 설득하되 대북 제재만은 흔들림 없이 유지해야 김정은의 오판을 막을 수 있다. 김정은이 핵무장과 제재 해제를 동시에 달성할 수 있다고 믿게 되면 한반도는 최악의 상황에 빠질 수 있다. 김정은이 핵무장과 제재 해제 중 한쪽을 선택할 수밖에 없도록 강제해야만 그나마 비핵화의 문이 열린다. 문 대통령이 '남북 정상회담을 위한 제재 해제는 없다'는 원칙만 끝까지 지켜도 최소한 김정은의 위험한 오판은 막을 수 있을 것이다.

그런 만큼 우리 정부의 역할이 어느 때보다 중요하다. 북미에 앞서 열리는 남북 정상회담은 긴밀한 한미 공조 아래 김정은의 완전한 비핵화 의지를 확인할 수 있는 기회가 되어야 한다.

+ + +

경제발전과 독재개발

우리나라의 고대사에서 근대사에 이르기까지 즉 일제강점기 이전의 정치체제는 절대군주제였다. 왕이 절대적인 권력을 갖고 나라를 다스리던 시대가 5천 년 동안 면면히 이어져 내려왔던 것이다. 왕권통치제는 아들한테 왕권을 물려주는 세습제였다. 절대군주제와 왕권세습제를 민주정치 제도라는 잣대로 비판의 날을 세운다면 시대적 상황에 맞지 않는 난센스라고 할 수 있다.

조선왕조에서 조카를 죽이고 왕위를 찬탈한 태종이나 후궁을 많이 거느렸다는 세종을 일컬어 대역무도한 군주로 역사는 기술하지 않고 있다. 태종은 거듭된 숙청으로 피바람을 일으켰던 폭군이었지만 난세를 평정하여 국기를 바로잡고 조선왕조의 기초를 다졌던 왕으로 일컫고 있으며 후궁이 많았던 것으로 알려진 세종도 도덕적으로 문란한 임금으로 여기기보다는 한글 창제와 과학기술을 발전시켰던 업적으로 성군, 대왕으로 칭송하여 역사에 길이 빛나고 있는 것이다.

요즘 대선정국에 들어서면서 현대사의 주역이라 할 수 있는 박정희에 대한 공과가 국민들 간에 회자되고 있다. 그의 딸 박근혜가 유력한 대선 후보이기 때문에 논쟁이 더욱 뜨거워져 가고 있는 것 같다. 논쟁의 쟁점은 5·16 군사정변, 유신헌법, 인혁당 사건 등인 것 같다. 현실적인 민주제도, 정치 상황에 비추어 과거를 논한다는 것은 문제가 있다고 생각한다. 더구나 그 당시의 시대적 상황은 절대빈곤의 탈피와 김일성의 적화야욕을 막는 것이 국가경영의 목표였던 것이다. 아버지가 주도했던 5·16 군사정변에 대해서 "최선의 선택이었다"고 말했던 박근혜가 야당과 언론으로부터 역사 인식에 문제가 있다는 질타를 받았다. 하지만 많은 국민은 박근혜의 생각에 공감하고 있는 것이 사실이다.

4·19 혁명으로 이승만 대통령이 물러나고 윤보선 정권이 들어섰지만 정치적, 사회적인 혼란은 여전하였다. 그 당시 육군 소장이었던 박정희가 주동이 되어 구국의 일념으로 군사정변을 일으켰던 것이다. 군사정변 거사단계에서 많은 인사의 지지를 받았던 것으로 알려지고 있다. 국회의장을 지냈던 윤치영, 교육자이며 장관을 역임하였던 임영신, 독립운동가 임병직 등의 지지를 받았고 육군참모총장 장도영이도 박정희의 우군이었다. 장면 내각이 사퇴하였고 윤보선 대통령도 대세가 기울어짐을 알고 순순히 정권을 군사혁명위원회에 넘겨줬다.

선교사이며 세브란스 의학전문학교 교장이었던 '프랭크 스코필드' 박사는 5·16 군사정변을 이렇게 말하고 있다. "당시 민주당 정권은 무능하였으며 부정부패가 만연하였고 5·16 군사정변은 필요하고도 불가피한 선택이었다"고 폭로하였던 것이다.

싱가포르의 리콴유, 대만의 장징궈가 박정희와 같이 아시아의 독재자로 알려져 있다. 이들은 독재개발을 통해 경제적으로 부강한 나라를 만들었다. 자유와 인권이 잠시 유보되고 정치발전이 지연되더라도 경제발전을 최고의 목표로 삼았던 것이다. 이 같은 개발독재에서 인권이 유린되고 유혈탄압이 따르는 것은 필연적이었던 것 같다. 대만의 장징궈 정권에서는 2만여 명이 죽었고 아르헨티나 군부독재에서도 3만여 명이 죽거나 실종되었다. 물론 스탈린, 김일성 독재에서는 수백만 명이 죽었다. 그러나 박정희는 무혈독재였다. 리콴유와 장징궈는 국민들에게 존경받고 있지만 박정희는 아직까지도 진보적인 사람들로부터 인정받지 못하고 있다. 물론 1975년 인혁당 사건으로 8명의 젊은 학생들이 사형당한 것은 지울 수 없는 회한으로 남아 있다. 보릿고개라는 절대빈곤과 북한의 무력위협에 처한 국가적 위기 상황에서 시대적인 희생양이라고 해야 할 것 같다.

어두웠던 과거를 현실적인 상황에 비추어 평가한다는 것은 문제가 있고 평가의 가치와 의미도 없을 것 같다. 대선 정국에서 과거사를 집요하게 붙들고 늘어진다면 국민들도 식상해 하고 외면할 것이다.

국민들에게 희망과 비전을 제시하는 정책 대결로 심판받는 대선 정국이 되길 국민들은 기대하고 있다. 국민들은 이 나라를 통치할 대통령을 뽑을 주권을 갖고 있다. 대한민국의 위상을 드높이고 국가의 역량을 키울 수 있는 대통령, 모든 국민을 행복하게 만들어주는 대통령을 뽑는 것은 국민들의 선택에 달려 있다.

+ + +

숭어와 망둥이

'망둥이가 뛰니까 꼴뚜기도 뛴다'란 속담이 있다. 이와 비슷한 뜻으로 '숭어가 뛰니까 망둥이도 뛴다'라는 속담도 있다. 남이 한다고 그럴 처지가 못 되는 사람까지 분수를 모르고 덩달아 뛴다는 말이다. 두 속담이 비슷한 의미를 갖고 있지만 깊이 따져보면 다른 뉘앙스를 준다. 속담에 등장하는 망둥이와 숭어를 비교해보면 주로 갯벌에서 사는 망둥이는 뛰어오르기를 잘하지만, 숭어에 비하면 어림도 없다. 주로 바다 연해와 강 하구에 사는 숭어는 점프력이 탁월하다. 꼬리로 물을 내려치며 수직으로 비상하는 모습은 그야말로 장관이다. 꼴뚜기 앞에서 으쓱대던 망둥이도 숭어 앞에선 처량한 신세가 되는 것이다.

지난주 모 지방지 전면에 작은 인물 사진들이 빼곡하게 채워져 있었다. 6·4 지방선거에 출사표를 던진 사람들이었다. 역대 최고의 경쟁률이라고 말한다. 왜 지방선거가 이같이 과열되어 망둥이와 꼴뚜기까지 덩달아 뛰는 것일까? 지역 유권자들의 지지를 받아 선출되면 자긍심을 갖고 지역민들을 위해 자신의 뜻을 펼칠 수 있기 때문일 것이다.

민주주의의 상징인 풀뿌리 지방자치 시대가 열린 지 20년이 되고 있다. 지방자치 제도가 성숙하여 성년이 되는 것이다. 그동안 우리 자치구역도 아쉽고 안타까운 우여곡절이 많았다. 지방자치단체장의 수뢰혐의, 직권남용 등 토착비리 혐의로 영어의 신세가 된 것은 치욕적인 사건이었다.

당진시의 백년대계 명운이 걸려 있다고 해도 과언인 아닌 황해경제자유구역 조성사업이 사실상 해제 수순을 밟고 있는 것은 안타까운 일이다. 국제 무역타운과 산업단지, 물류단지 등을 갖춘 동북아 최고의 첨단산업도시로 개발하는 국책사업이었다. 철강 산업과 조화를 이룰 수 있는 규모 있는 국제도시 건설의 비전이 물거품 된 것이다.

충남대병원의 제2병원이 당진에 건립하기로 했다가 무산된 것도 아쉬운 일이다. 충남대병원과 양해각서를 체결하고 교과부로부터 건립 승인까지 받은 단계에서 충남대 측이 일방적으로 병원 건립 추진 계획을 무산시킨 것이다. 당진시민들은 충남대 측에 농락당했다는 생각에 분통이 터졌다.

또한 당진시의 삶의 환경이 공해 문제로 황폐화되고 있다. 제철소에서 내뿜는 분진과 화력발전소의 매연으로 인한 공해 문제는 심각하다. 화력발전소에서 배출되는 황산화물은 서울시 전체 배출량과 맞먹는다고 한다. 행정기관에서는 공해 문제로 인한 인근 지역주민들의 아우성을 외면하고 있는 것 같다.

이 같은 참담한 현실과 잘못된 사례들을 누가 책임져야 하는가? 당진시의 비전을 제시하고 복지와 안녕을 위해서 헌신하겠다던 지방자치단체장, 의회의원 그리고 관련 고위직 공무원들에게 그 책임을 물어야 한다. 광역시도의원이나 국회의원까지도 예외가 아닌 것 같다.

이 같은 엉터리 행정에 참여했던 사람들이 하나같이 6 · 4 지방선거에 출사표를 던졌다. 유권자들의 준엄한 심판으로 쓴맛을 보겠다는 심산인 것 같다. 이번 지방선거에서 숭어가 뛸 때 덩달아 뛰는 망둥이와 꼴뚜기에 유권자들은 현혹되지 말아야 한다.

6 · 4 지방선거에서 옥석을 가리는 기준을 나름대로 피력하면서 글을 맺고자 한다. 혁신적인 개혁 의지가 있어야 한다. 그리고 경영능력과 행정가적 능력을 발휘하여 균형 있는 지역 발전과 주민 복지 증진을 미래지향적으로 추진할 수 있는 리더십을 갖추어야 한다. 현직 지자체장이나 의원이라면 4년 전 공약사항의 이행 여부를 따져야 한다. 유권자를 속인 감언이설이었다면 사기꾼이라 할 수 있다. 그리고 학부 출신이면 좋겠다. 명문대 출신이면 금상첨화일 것 같다.

아무리 좋은 여건을 갖추고 있는 자치단체라 할지라도 단체장의 능력과 리더십이 없으면 일류 지방자치단체를 실현하기 어렵다. 반대로 아무리 열악한 환경의 자치단체라 할지라도 단체장의 능력과 리더십이 뛰어나다면 초일류 지방자치단체 실현의 꿈을 이룰 수 있는 것이다. 2002 월드컵 4강의 신화를 실현한 히딩크 감독의 리더십은 우리가 본받아야 할 모범적인 사례라 할 수 있다.

+ + +

안녕치 못한 대한민국

북한의 삼대 세습에 걸쳐 절대권력의 그늘 아래 40여 년간 2인자로 군림했던 장성택이 그 권좌에서 숙청되고 처참하게 사형당하였다. 기관총으로 사살하고 화염방사기로 시체의 흔적을 없앴다고 한다. 장성택은 김일성의 외동딸 김경희 남편으로 유일한 사위였고 김정일과는 친여동생의 남편 즉 매제였다. 그리고 김정은에게는 어려서부터 따르던 따뜻하고 인자했던 고모부였다. 군의 강경파에 의해서 숙청되었는지 김정은 스스로 고모부 장성택한테 위협을 느껴서 내쳤는지 모르지만 반인륜적인 행태를 보인 것이다.

지난 12월 17일은 북한 평양체육관에서 김정일 사망 2주기 추모대회가 열렸다. 김정일의 여동생이고 장성택의 부인인 김경희의 참석 여부가 많은 사람의 관심사였는데 김경희는 나타나지 않았다. 김경희가 김정일의 추모대회에 참석하지 않은 것을 언론은 여러 가지로 추측하고 있다. 장성택을 사형 집행하는 과정에서 김경희는 반대했는데 조카인 김정은이 들어주지 않았다는 얘기도 나돈다.

추모행사에서의 김정은 표정이 무척 어두웠다. 눈에 초점이 없고 머리는 헝클어진 채 지친 모습이었다. 추도사와 연설을 들으며 간간이 박수를 치기도 했지만 정면을 응시하지 않고 시종일관 오만하고 어두운 낯빛이었다. 이 같은 김정은의 모습을 어느 심리학자는 "최근 장성택 숙청 등에 대한 심리적인 동요와 착잡함, 앞날에 대한 부담감과 불안 등이 복합적으로 얼굴 표정에 나타난 것 같고 일종의 '파더 콤플렉스'도 보인다"고 했다. '파더 콤플렉스'는 아버지의 그늘에 가린 아들이 아버지를 닮고 싶지만 뜻대로 되지 않아 열등감에 시달리는 것을 말한다.

'캠벌' 전 미국 동아태차관보는 "김정은이 스위스 유학하던 시절의 반 친구들과 인터뷰해봤더니 매우 위험하고 예측 불허이며 폭력적인 성격이었다"고 하였다. 또한 우리나라의 대표적인 관상가로 알려진 신기원은 김정은 관상을 "인생에 험난한 형살(刑殺)이 있어서 부친도 제거할 수 있는 위험한 인물"이라고 하였고 "성격이 난폭하여 북한의 순탄치 못한 앞날"을 예견하고 있다.

장성택 숙청 후 북한의 실질적인 2인자로 떠오른 최룡해가 김정은의 최측근으로 군부를 장악했다. 김정일은 생전에 최룡해를 불러 당시 후계자 신분이던 김정은을 잘 보좌해달라는 부탁을 하면서 김정은에게는 "최룡해를 아저씨처럼 여기고 의지하라"고 했다고 한다. 한때는 최룡해가 장성택의 사람이었지만 최룡해가 총정치국장이 되면서 둘 사이가 멀어졌고 서로 견제하는 사이가 되었다고 한다. 최룡해에게 정권 보위에 가장 중요한 군을 맡길 정도로 김정은의 신임이 두터웠다. 장성택은 기 싸움에 밀려 온갖 누명을 쓰고 만고의 역적으로 처참하게 처형당한 것이다.

북한 권력의 실세로 부상한 최룡해는 김정일 2주기 추모대회에서 "폭풍처럼 화약에 불이 달린 것처럼 단숨에 달려나가 남한을 쓸어버리겠다"는 발언을 쏟아냈고 전쟁은 광고 없이 한다며 기습 도발을 예고하기도 했다. 상상조차 할 수 없는 괴변이라 생각하지만 그 괴변이 핵무기를 앞세우고 행동으로 옮겨져 현실로 닥쳤을 때를 가상해보자. 남한을 정복한 그들은

'남조선의 반동분자들'을 어떻게 할 것인가. 기관총이 아닌 박격포로 날려 버릴 것이다. 물론 허무맹랑한 기우(杞憂)이겠지만 한편 걱정이 되고 있다.

김관진 국방부장관은 "북한의 핵이나 미사일 공격 징후가 있을 경우 선제 타격을 하겠다"고 말했다. 국민들은 그동안 연평도 폭격도발, 천안함 폭침사건을 떠올리며 국방부장관의 말을 반신반의(半信半疑)할 것 같다. 국방은 국민의 생명을 지키는 것이다. 철통같은 방위태세를 갖추어 국민들에게 신뢰감을 주어야 한다.

우리 우방인 미국 국무부에서도 "북한의 도발 위험성이 크다면서 한미공조체제를 강화해야 한다"고 하였다. 김관진 장관은 내년 봄에 북한의 도발 가능성을 예측하면서 이에 대한 철저한 대비를 강조하였다. 북한정권의 붕괴 예측상황도 우리 국민들에게 부담이 되고 있다. 남북 통일문제와 북한을 보는 시각이 이념과 세대, 계층 간의 견해차가 심한 것도 풀어야 할 숙제이다. 이 같은 갈등의 골을 메우고 하나 된 대한민국으로 거듭나 북한의 어떤 상황에도 대처할 수 있는 방안을 모색해야 한다. 이 땅에 또다시 6·25와 같은 동족상잔의 비극이 있어서는 안 된다.

정치, 사회적 문제에 대한 청년들의 관심을 촉구하는 내용의 이른바 '안녕들 하십니까' 대자보가 정치권은 물론 대학가에 큰 반향을 일으키고 있다. 피바람이 불고 있는 북한의 참혹한 실상과 철도노조 파업 그리고 대선 관련 건을 부각시켜 역전의 빌미를 삼고자 하는 여야의 지루한 대치국면으로 대한민국 국민들은 안녕치 못한 것 같다.

다사다난했던 2013년이 저물어가고 있다. 밝아오는 갑오년 새해에는 독자 여러분들의 행운을 기원하고 행복한 대한민국을 만들어가는 데 모두 동참하길 바라면서 필을 놓는다.

+ + +

구호만 있는 노인복지

얼마 전에 당진시 송악읍 한 주택에서 불이 났다. 10여 대의 소방차가 동원됐고 한 시간 넘게 걸려 불길을 잡았지만 남성 2명이 집 안에서 숨진 채 발견됐다. 방바닥에 나란히 누워 있던 이들은 집주인 A 씨와 아들로 경찰조사 결과 밝혀졌다. 경찰은 A 씨의 차 안에서 아들에게 미안하다는 내용이 담긴 내용의 유서를 발견하였고 이들이 스스로 목숨을 끊은 것으로 보았다. 숨진 A 씨는 아들이 20여 년 전 교통사고로 식물인간이 되어 지금까지 아들의 병수발을 해왔던 것으로 알려졌다. 부자가 동반 자살한 이 사건은 우리나라 의료, 복지의 현주소를 보여주고 있다. 식물인간인 아들이 깨어나리라는 믿음으로 20여 년 동안 보살펴온 아버지, 그는 라이터로 불을 댕기기 전 형언하기 힘든 고통을 삼켰을 것이다. 이 사건을 보면서 슬픔보다 분노가 앞섰다. 그런 극단적인 선택을 할 때까지 우리 사회는 뭘 했는가. 복지예산과 국민의료비로 천문학적인 돈을 쓰면서도 A 씨의 선택을 막지 못했다. 이 가정이 받은 복지 혜택은 장애인연금 월 12만 원 정도가 전부였다고 한다. A 씨처럼 상당수 가정은 복지서비스 정보를 잘 모르고 있다. 해당지역 읍사무소 담당직원은 “솔직히 A 씨 네는 전혀 모르는 집이다. 복지서비스를 신청한 게 전혀 없었다"고 말했다. 박근혜 정부는 '맞춤형 복지'를 강조하고 있다. 말단 소요처인 A 씨 집까지 돈이 흐르게 했어야 했다.

국가안전처가 공개한 자료에 의하면 작년에 당진시가 교통지옥, 자살왕국이란 성적표를 받았다. 우리나라의 자살률은 인구 10만 명당 21.4명으로 경제협력개발기구(OECD) 국가 가운데 가장 높다. 이보다 더 놀라운 것은 65세 이상 노인의 자살률이 이보다 훨씬 높다는 것이다. 10만 명당 무려 49.6명에 이른다고 한다. 이같이 높은 자살률의 배경에는 경제적 어려움과 지병으로 인한 건강문제이다. 전국에서 충남의 자살률이 가장 높고, 충남에서 당진의 자살률이 타 시군에 비해 높다는 통계이다.

전문가들은 노인 자살이 보여주는 특징의 하나가 외로움과 심리적 고립감이 더해졌기 때문이라고 말한다. 지금의 노년세대는 늙은 부모를 봉양한 마지막 세대이지만 자녀로부터 봉양받지 못하는 세대이다. 경제적인 대비는 물론 심리적인 대비도 없이 노년을 맞은 것이다. 인간의 평균 수명이 빠르게 늘어나면서 조만간 100세 시대를 맞을 것이라고 한다. 하지만 노인빈곤에 대한 대책이 없는 100세 시대는 노년세대에 불행만 커지는 시대가 될 수밖에 없다.

당진시의 민선 6기 김홍장 시장은 풍요로운 당진경제, 함께 잘사는 농어촌 등 6대 분야를 공약으로 내세우고 "행복한 변화 속에 살고 싶은 당진을 만들겠다"고 말한다. 이 같은 주민들의 열악한 삶의 환경은 개선되지 않고 있는데 공약사항이 성실히 추진되고 있다고 말할 수 있는지 모르겠다.

이 시대 노인들은 젊었을 때 산업역군으로 국가 발전에 기여한 분들이다. 그렇기에 국가나 지방자치단체에서 이들을 외면하면 안 된다. 자살 취약계층에 대한 면밀한 실태조사와 예방대책을 수립하고 이들에 대한 지원을 아끼지 말아야 한다. 풍족한 가운데 유유자적한 삶을 즐기는 노인들을 위한 노인복지가 되어서는 안 된다. 가진 자들을 위한 복지정책이기보다는 오히려 어려운 환경에서 소외받는 노인들을 위한 정책이어야 한다.

노인 각자의 삶은 노후를 행복하게 보내려면 본인의 형편에 맞는 계획을 잘 세워야 한다. 규칙적인 운동으로 건강을 관리하며 다른 사람과 어울릴 수 있는 취미 활동과 개인적인 여가 활동이 조화를 이루도록 하는 것이 좋을 것이다.

지방자치단체의 노인복지정책도 100세 시대 노인들이 행복한 삶을 향유하는 데 선도적 역할을 해야 한다. 그러기 위해서 취미 활동이나 정보화시대에 부응할 수 있는 프로그램은 물론 일자리 알선을 위한 맞춤형 노인복지 프로그램을 통해 많은 노인들이 경제활동을 하면서 시대적 안목을 갖고 윤택한 삶을 살아갈 수 있도록 도와주어야 한다.

+ + +

보수의 자존심을 지킨 50대의 반란

이승만 정권의 정권 연장을 위한 헌법 개정 과정에서 국회 사사오입 파동이 있었고 이어서 3 · 15 부정선거가 있었다. 이로 인하여 학생들은 물론 온 국민들이 항거하는 4 · 19 국민항쟁이 전국으로 번지게 되면서 이승만 대통령이 그 권좌에서 하야하게 되었다. 이어서 들어선 정권이 민주당의 윤보선 정권이었지만 4 · 19 혁명 이후 어수선한 국내 정세를 수습하지 못하는 무능한 모습을 드러냈고 부정부패가 만연하여 사회 기강이 바로서지 못하였다. 이 같은 정치, 사회적인 배경에서 5 · 16 군사정변이 발발하였던 것이다.

박정희가 주동이 되었던 5 · 16 군사정변은 무혈정변이었다. 거사 후 군사혁명위원회를 조직하였고 일사분란하게 충돌 없이 정권을 인수받았다. 이후 박정희는 18년간 정권을 잡아 보릿고개라는 절대빈곤을 탈피하기 위해 경재개발 5개년 계획을 연차적으로 수립하여 추진하였으며 새마을운동을 전개하여 농어촌 부흥운동을 일으켰던 것이다. 이후 우리나라는 경제가 매년 두 자리 수의 성장률을 기록할 정도로 눈부신 경제성장을 이룩하였고 국제적으로 한강의 기적이라는 찬사를 받아왔던 것이다.

그 당시 국민들은 땀 흘려 일하는 보람을 느꼈으며 매년 경제개발 계획의 목표를 달성하면서 국가 발전에 대한 자부심과 긍지를 갖기도 하였다. 이때가 60, 70년대이니까 50대 이상의 국민들은 이 시대에 성장과정을 거쳤거나 국가발전에 기여했던 세대라 할 수 있다.

그래서 박정희 정권에 대한 진한 향수를 갖고 있는 것이 사실이다. 당장은 끼니를 잇지 못하는 절대빈곤의 어려운 삶이었지만 땀 흘려 일하면서 미래에 대한 꿈과 희망을 키워왔던 애달픈 추억이 서려 있는 것이다.

이번 18대 대선에서 박정희의 딸 박근혜 후보가 승리한 것은 '50, 60대의 결속' 때문이라고 말하는가 하면 '반란'이라는 표현을 쓰기도 한다. 언론에서 이같이 말하는 뜻이 틀리지 않는 것 같다. 이 세대들은 그동안 상대후보와 박빙의 와중에서 안철수 현상을 지켜보고 이정희의 폭언을 들으면서 이심전심으로 결속을 다져왔던 것이 사실이다. 그동안 후보자 토론회에서 상대후보와 격론할 때 승기를 잡는 것 같으면 환호의 박수를 보냈고 궁색하게 밀리는 모습을 보면 동정적으로 안타까운 생각을 갖기도 하였다. 투표 당일에는 예상외로 투표율이 높은 것을 보면서 걱정스럽게 생각하기도 했다. 그동안 언론에서 투표율이 70%를 상회하면 박근혜가 당선되기 어렵다고 예상하였기 때문이다. 그리고 투표 전날 여론조사에서 이미 상대후보에게 역전당했다는 소문을 접하면서 적잖게 낙담하기도 하였다. 그러나 끝내 투표결과는 50, 60대의 결속과 반란을 외면하지 않았다.

대립과 반목, 갈등과 분열로 점철되었던 대선 정국도 이제 끝났다. 이제는 정상적인 삶의 현장으로 돌아가 생업에 전념해야 한다. 보수와 진보로 나뉘었고 세대 간의 갈등으로 나뉘었던 우리 국민 모두 하나로 뭉쳐 100% 대한민국을 만들어야 한다. 박근혜를 지지하지 않았던 48%의 국민들도 박근혜 후보가 대한민국의 영도자임을 인정하고 국정운영에 협조해야 한다.

이런 모습이 올바른 민주시민의 태도가 아닌가 생각한다.

한반도 주변의 국제정세는 우리 국민들을 한눈팔지 못하도록 하고 있다. 북한의 핵 개발, 탄도 미사일 발사 등으로 한반도를 위협하고 있으며 미국과 중국의 주도권 다툼, 일본 극우정권의 등장으로 인한 패권주의 야욕은 우리를 긴장하게 하고 있다.

박근혜 당선자에게 닥칠 또 다른 위기는 어두운 경제상황이다. 내년도 경제성장 전망치를 3%로 보고 있다. 이보다 더 떨어질 수 있다는 것이다. 국제적인 변수도 있지만 우리나라는 이미 고령화로 인한 저성장 시대로 들어가 있다고 한다. 저성장은 국가경제뿐만 아니라 사회 전반의 구조를 위협할 수 있다. 성장이 일정한 수준을 버텨줘야 공약했던 복지, 일자리, 민생을 개선할 수 있는 것이다.

또한 박근혜 당선자의 국가경영 성패는 인사에 달려 있다고 할 수 있다. 인사는 만사라고 했다. 적재적소에 필요한 전문가를 기용해서 효율적으로 국가경영을 하느냐에 성패가 달려 있는 것이다. 며칠 전에 인수위 수석대변인 인사에 야당에서 반발하고 있다. 모든 사람이 공감할 수 있는 인사가 당선자 본인이 공약했던 탕평인사가 아닌가 생각한다.

이같이 산적한 제 문제들을 슬기롭게 대처하고 원만하게 처리하여 모든 국민이 만족하는 행복시대를 열어줬으면 하는 것이 온 국민의 염원일 것이다.

박근혜 당선자를 일컬어 우리나라 최초의 여자 대통령, 세계 최초의 아버지에 이은 부녀 대통령이라고 한다. 아버지 박정희 대통령이 경제발전으로 한강의 기적을 이루었듯이 자랑스런 대한민국을 만들어주기 바라며 임기 동안 어머니 같은 자애로운 마음으로 민생의 구석구석을 살펴 국민들의 아픔을 달래주고 꿈을 이룰 수 있도록 해주길 기원한다.

✢ ✢ ✢

대통령의 첫사랑

박근혜 대통령은 지난달 27일부터 말일까지 나흘간 중국을 방문하였다. 5월 중 미국 방문에 이어 중국 방문도 성공적으로 마치고 귀국하였다. 1992년 '우호협력 관계'에서 출발한 중국과의 관계가 박근혜 대통령의 방문을 계기로 최고 단계 혈맹관계의 전 단계인 '전략적 협력동반자 관계'까지 격상된 것은 고무적인 관계 개선이라 할 수 있다. 정상회담 후에 내놓은 공동성명에서 20년 앞을 내다보고 양국 관계를 정치 · 안보, 경제 · 통상, 인적 · 문화적 교류 등 다양한 분야에서 전면적, 다층적으로 협력하는 관계로 발전시켜 나가겠다는 것이다. 이를 실현하기 위한 제도적 틀도 마련하였다. 서한과 전보 교환, 특사 파견, 전화 통화 등 다양한 방법으로 두 정상이 긴밀히 소통하기로 한 것이다. 또한 두 정상은 어떤 경우에도 북한의 핵 보유는 인정할 수 없다는 데 인식을 같이하였고 시진핑 주석은 박 대통령의 한반도 신뢰 프로세스를 적극 지지한다는 뜻을 표하였다.

특별한 사정이 없는 한 시진핑 중국 국가주석은 앞으로 10년 동안 중국을 이끌게 된다. 중국은 집단지도체제지만 주석의 영향력은 매우 크다. 시진핑이 한반도 미래를 어떻게 생각하느냐에 따라서 많은 변화를 예견할 수 있다. 통일한국이 중국에 도움이 될 거라는 인식이 시 주석의 뇌리에 자리 잡는다면 독일 통일에 고르바초프가 역할을 했듯이 한반도 통일에도 긍정적인 영향을 미칠 것이다.

시진핑 주석은 박근혜 대통령과 비슷한 인생을 경험하였다. 박 대통령은 1952년에 태어나 아홉 살에 권력자의 딸이 됐고 그 위상은 18년 동안 지속됐다. 아버지가 피살된 후 박근혜는 청와대를 나와 18년 동안 은둔 생활을 하였다. 시진핑 주석은 1953년에 태어나 박 대통령보다 한 살 아래다. 아버지 쉬중쉰은 총리의 비서실장으로 공산당 실세였다. 시진핑이 아홉 살 되던 해 아버지는 반당분자라는 모함을 받아 연금됐다. 이후 다니던 귀족학교에서 추방되고 서부지역 산골마을 요동이라 불리는 동굴에서 생활하였다.

눈물 젖은 빵을 먹어본 지도자는 국민들에 대한 애착이 강하고 국가 발전에 헌신하겠다는 집념을 갖게 되는 것이 공통된 사례이다.

중국 정부에서는 박 대통령을 '중국 인민의 라오펑유(老朋友: 오랜 친구)'라며 환대하였다. 또한 박 대통령의 자서전이 중국에서 베스트셀러가 될 정도로 중국 인민들한테 굉장한 인기를 얻고 있다. 높은 인기의 또 다른 요인은 박 대통령이 중국어를 유창하게 잘한다는 것이다. 그리고 박 대통령은 초등학교 때부터 『삼국지』를 애독했다고 한다. 박 대통령은 "삼국지에서 조자룡이 등장할 때마다 가슴이 두근두근 설레었다"고 자서전에서 말하고 있다. 첫사랑이 조자룡이었다고 고백한 것이다. 대통령의 딸 박근혜를 사로잡았던 『삼국지』의 조자룡은 어떤 인물인가? 한마디로 조자룡은 군웅할거(群雄割據), 모략과 음모, 배신이 판을 치는 혼란기에 묵묵히 유비 한 사람만을 섬긴 충직의 화신이고 절제와 겸손, 청렴과 결백의 신화적 존재라 할 수 있다. 또한 용맹과 지혜를 두루 갖춘 장수로서 창 들고 말에 올라 적진을 향해 돌진하면 감히 막아서는 자가 없었고 아비규환 전마(戰馬)의 소용돌이 속에선 그의 신출귀몰(神出鬼沒)한 무예를 따를 자가 없었다. 『삼국지』에는 수많은 인물이 명멸한다. 그 많은 사람 중에 충직한 조자룡을 흠모했다는 것은 마치 오늘 같은 날들이 올 것을 예감했던 것 같다. 아무튼 박 대통령의 첫사랑이 중국 남자라는 사실에 중국 인민들이 호감을 갖고 박 대통령을 더욱 흠모하는 것 같다.

박 대통령의 중국 방문에서 보여준 중국 정부와 인민들의 환대는 민족적인 자부심을 가질 만큼 극진하였다. 하지만 극진한 환대에 취해 축배를 들기에는 아직 이르다. 경제 관련 주요 사안인 한 · 중 자유무역협정(FTA)을 체결하기 위해 양국 정상은 조속한 시일 내에 실무 접촉을 하기로 했다. 자유무역협정(FTA)은 두 나라간 경제동맹을 맺는 것이다. 교역 규모 2,151억 달러에 달할 정도로 중국은 우리의 최대 교역 파트너이다. 협상 과정에서 양국의 견해차를 좁히는 한편 다양한 분야에서 경제협력의 새로운 지평이 열리도록 국민들은 기대하고 있다.

시 주석은 박 대통령의 한반도 신뢰 프로세스를 환영하고 대화를 통한 남북관계 개선 필요성을 강조했다. 북한은 대화 공세에 나서고 있지만 한국과 미국은 북한의 진정성을 의심하고 있다. 행동으로 진정성을 보이도록 북한을 설득하고 압박하는 것은 여전히 중국의 몫으로 남아 있는 것이다.

+ + +

'사람사는세상'의 마지막 글

— 노 전 대통령은 '사람사는세상'에 올린 마지막 글에서 자신의 삶을 정리하고 있었다

어느 날 아침 뜻밖에 텔레비전 화면에 굵은 고딕체 글자로 '노무현 전 대통령 자살'이란 자막이 비쳐지면서 온 국민은 넋을 잃고 눈과 귀를 의심했다.

시간이 지나면서 유서 내용이 발견되고 사건 전모가 밝혀지면서 국민들은 침통한 분위기에 빠져들었다.

태광실업의 박연차 게이트 검찰 수사가 진행되었고 노 전 대통령이 연루되었다는 비리가 포착되면서 피의자 신분으로 검찰에 소환되어 조사를 받기도 했었다. 당시 언론은 율사답게 혐의를 피하면서 조사를 잘 받았다고 하면서 오히려 노 전 대통령의 당당한 모습을 보도하기도 했다. 하지만 영부인은 물론 아들까지 검찰에 소환되어 조사를 받았고 결국은 검은 돈을 받아 미국에서 딸의 집 사는 데 썼다는 사실이 드러나면서 국민 앞에 더 이상 떳떳하지 못한 모습이 된 것이다.

우리 국민들은 지난 5년간 노무현 대통령이 국정을 이끌면서 순수한 아마추어 모습으로 프로 정치인들의 질타를 받으며 험난한 정치판을 힘겹게 헤쳐 나가는 모습을 지켜봤다. 서툴지만 양심적이며 도덕적으로 흠이 없는 모습을 신뢰하고 지지하였던 것이다.

가까운 측근들은 역대 대통령들이 수천만 원씩 횡령했던 것에 비하면 생계형 비리에 불과하다며 검찰과 언론을 비판하기도 했다. 물론 횡령 액수가 많고 적은 것을 떠나서 원칙대로 법을 적용해야 한다는 목소리도 높았다. 언론이나 사회적 분위기 또한 냉정하였다. 국민들의 신뢰는 무너지기 시작했고 오히려 엄정한 검찰 수사를 통하여 횡령비리 전모가 낱낱이 밝혀지기를 바라는 분위기였다.

모든 국민이 손가락질하는 냉엄한 현실을 인식하고 자신의 홈페이지 '사람사는세상'에 올린 마지막 글에서 괴로운 심정을 토로하였으며 인생의 종착역을 암시하고 있었다. 이와 같이 참혹하고 비참한 상황에서 자신의 삶을 정리하는 노 전 대통령의 괴로운 심경을 상상하기 어렵지 않았다.

노 전 대통령의 서거를 국면전환의 계기로 삼아 이해득실을 계산하는 사람들은 벼랑 끝에서 생을 마감하려는 노 전 대통령에게 어떤 사람들이었나 생각해본다. 이와 같은 처절한 상황에서 따뜻한 말 한마디로 위로해주지 못하고 외면했던 사람들은 아니었는가? 참여정부 정권 말기에 대통령이 당적을 포기해야 한다고 목소리를 높였던 사람들은 아니었는가?

노 전 대통령의 서거 후 정치, 사회적인 분위기는 수습하기 어려울 정도로 걷잡을 수 없이 극단으로 치닫고 있다. 이념적 갈등, 사회적 갈등이 심화되면서 보수, 진보의 양극화와 여야의 정치적 공방이 격화되는 등 한 치 앞을 예견하기 어려운 혼돈 상태로 빠져들고 있는 것이다.

이 시대의 지식층이라 할 수 있는 대학 교수들의 시국선언문의 잇따른 발표는 정부 여당을 더욱 곤혹스럽게 하면서 사회적 혼란을 부추기는 듯하다.

4 · 19 부정선거에 맞섰던 학생혁명, 6 · 29 선언 당시 군사정권에 항거했던 이들의 시국선언문이 국민들에게 큰 용기와 희망을 주었던 것을 기억하고 있다. 하지만 현 정권이 국민과 소통이 안 되는 독재정권이고 민주주의가 심각하게 훼손된 국가적 위기상황이라고 할 수 있는가? 사실 선언문

내용도 국민들이 동의하기 어려운 부분이 많은 것 같다.

노 전 대통령의 유서 내용은 모든 것을 용서하고 국민적인 통합을 기원하고 있다. 경제적인 위기상황으로 국민들이 어려움을 겪고 있는 현실을 직시하여 양극화된 갈등의 골을 메우고 사회적, 정치적 통합의 길을 택해야 한다. 이것이 고인의 유지를 받드는 것이라 생각한다.

+ + +

새 술을 새 부대에

『마가복음』 2:22에서 예수님은 말씀하고 있다. “낡은 술 부대에 새 술을 보관하지 않는다. 만일 그렇게 하면 술이 그 부대를 터뜨려 술과 함께 술 부대가 다 못 쓰게 될 것이다. 새 술은 새 부대에 넣어야 한다.” 유대인들은 포도주를 만들 때 양가죽 부대에 담아서 자연적으로 발효시켰는데 예수님은 이런 포도주 제조법을 두고 말씀하신 것 같다. 발효가 끝난 포도주는 헌 가죽 부대에 담아두어도 괜찮지만 새로 발효시키기 위해서 넣는 포도주는 발효 때 작용하는 화학적 변화 때문에 가죽 부대를 침식하게 된다는 것이다. 그래서 발효 중인 새 술을 헌 가죽 부대에 담아두면 부대가 찢어지고 술도 다 쏟아지게 마련이다. 새 술을 새 부대에 담는 것은 탐미적인 이유가 아니다. 반드시 그렇게 하지 않으면 안 되는 과학적이고 실용적인 이유가 있는 것이다.

‘새 술을 새 부대에 담으라’는 말은 국민의 지지를 받아 국권을 통수하는 권좌에 올랐을 때 새롭게 진용을 짜서 통수권자의 의지를 펼치라는 권면의 의미가 함축되어 있다. 우리나라도 역대 대통령이 그러했듯이 뜻을 같이할 수 있는 사람을 중심으로 내각을 구성하고 체제의 면모를 갖추는 데 인사의 절대권을 행사하였던 것이다. '인사는 만사'라고 한다. 적재적소(適材適所)에 인재를 등용해서 써야 한다는 교훈이다.

중국의 역사에서도 인재 등용의 교훈을 얻을 수 있다. 진나라 때 항우와 유방이 천하의 패권을 놓고 치열한 쟁패를 벌였다. 귀족 출신의 절세 무예를 갖춘 항우와 농사꾼의 아들이지만 탁월한 리더십을 가진 유방과의 싸움에서 항우가 처참한 모습으로 패하게 된다. 유방의 패권에 대한 후세 사가들의 분석은 부하들의 논공행상(論功行賞)과 인재를 적재적소에 배치해서 능력을 최대한 발휘하도록 했으며 그들에게 신뢰를 아끼지 않았기 때문에 객관적인 전력이 단연 우세한 항우를 물리쳤다는 것이다. 난세를 헤쳐 나가는 지혜와 함께 인간으로서 지녀야 할 덕목과 인사의 진면목을 보여주는 통치자의 교과서적인 이야기라 할 수 있다.

참담한 배신행위로 당진 군민들을 패닉 상태로 빠지게 했던 전임 군수로 인해서 당진의 이미지 손상은 물론 내 잘못으로 인정하고 부끄러움을 감수해야 했던 우리 군민들이었다.

6 · 2 지방선거로 인해서 새로운 인물의 군수가 탄생하였다. 취임 후 각 읍면을 순방하면서 현황을 파악하고 군정에 대한 결연한 의지를 표명하였다. 아무리 감동적이고 신뢰감을 주는 말이라도 실천적 여건 조성과 의지가 없다면 허공을 치는 메아리로밖에 들리지 않는다. 규모 있는 신흥 공업도시 당진을 역동적으로 이끌고 가려면 조직의 진용을 새롭게 짜야 한다.

당진군수에게 주어진 현안 문제로 잡다한 것을 제외하고 꼽는다면 벽에 부딪친 황해경제자유구역 조성 사업이라 할 수 있다. 본 사업은 첨단복합도시를 조성하기 위한 국책사업이다. 당진의 백년대계(百年大計) 명운이 걸려 있는 중요한 사업이라 할 수 있다. 황해경제자유구역 지정을 철회하자는 지역 이기주의에 흔들리는 군수의 감성적인 모습은 지지해준 유권자들에게 신뢰감을 주지 못한다. 위기에 처한 현 상황을 이성적으로 냉철하게 판단해서 주도적으로 이끌고 가는 역량을 보여줘야 한다.

시행사업자 당진테크노폴리스(주)의 대주주인 한화그룹이 사업을 중단한다는 뜻을 밝혔다고 한다. 제반 계약사항을 무시하고 일방적인 사업 중단 통보는 당진군민을 우롱하는 처사라고 볼 수밖에 없다. 군수는 그룹회장이라도 만나서 담판을 벌여 당진군의 자존심과 명예를 되찾아야 한다. 그리고 실리를 챙겨야 한다. 이 같은 역량을 발휘할 때 빛이 나고 진정한 머슴의 역할을 수행하는 것이다. 조직이 정의롭게 살아 있을 때 거기에서 수장의 지혜가 번득이고 역량이 빛을 발하는 것이다.

가죽 부대가 새롭다고 해서 새 술을 만들어내지는 못한다. 새 포도즙이 거기 담겨야만 비로소 새 술이 발효되기 시작하는 것이다. 철밥통 속에서 외로운 군수의 모습을 보이지 않길 바란다.

+ + +

탄핵정국으로 두 쪽 난 국론

헌법재판소가 지난 10일 8명의 재판관 만장일치로 박근혜 대통령 파면을 결정했다. 박 대통령은 1948년 대한민국 수립 후 법 절차에 따라 파면되는 첫 대통령이 됐다. 한 번도 겪어보지 않은 일이다. 후유증이 없어야 하나 그렇게 될지 예상하기 어렵다.

이날 헌재는 박 대통령에 대한 다섯 가지 탄핵 사유 중 두 가지를 직접적 탄핵인용 근거로 판단했다. 최순실의 국정농단을 허용·방조하고 그녀의 사익 추구를 지원하기 위해 대통령 권한을 남용하고 헌법과 법률을 위반했다는 것이다. 헌재는 구체적으로 대기업 출연금으로 만든 미르·K스포츠재단의 설립·운영, 의사결정에 관여했으며 KD코퍼레이션, 더블루K 등을 통한 이권 추구 과정을 지원했다고 적시했다. 이 같은 위헌, 위법 행위가 재임 중 지속적으로 이뤄졌다면서 최순실 국정 개입 사실을 철저히 숨긴 점, 언론의 의혹 제기를 오히려 비난한 점, 검찰과 특검 조사를 거부한 점 등을 들어 헌법 수호 의지가 드러나지 않았다고 했다.

헌재 결정은 끝났다. 비록 갈등은 컸으나 우리가 법 절차에 따라 난제를 매듭지었다는 것은 법치와 민주주의를 한 단계 성숙시키는 계기가 될 것이다. 이제는 극에 달한 갈등과 분열을 치유해야 한다. 탄핵 찬반 두 세력이 점차 커지면서 끝내 분단으로 귀결된 해방 직후 상황을 떠올리게 한다. 10일 탄핵 반대 시위자 3명이 숨지고 수십 명이 다쳤다. 더 이상은 안 된다.

촛불 시위건 태극기 시위건 극렬세력을 빼고는 모두가 나라를 위한다는 충정이었다. 그러나 태극기 집회에 참석한 시민들은 커다란 좌절감에 빠져 있을 것이다. '대통령탄핵기각을위한국민총궐기운동본부'는 지난주 토요일 서울시청 앞에서 군중대회를 열고 "승복할 수도 굴복할 수도 없다"고 외쳤다. 삼성동 사저 주변에서도 엄마부대, 나라사랑동지회, 구국동지회 등 1,000여 명이 "박근혜"를 연호했다.

탄핵을 반대했던 사람들의 과격 행위를 진정시키려면 박 전 대통령이 직접 나서는 수밖에 없다. 지지자들에게 일상으로 돌아가라고 설득해야 옳다. 국민통합에 힘을 모으고 갈등을 치유하는 일에 당연히 힘을 보태야 한다. 하지만 박 전 대통령은 민경욱 자유한국당 의원을 통해 밝힌 대국민 메시지에서 "이 모든 결과에 대해서는 제가 안고 가겠다"고 하면서 "시간이 걸리겠지만 진실은 반드시 밝혀진다고 믿고 있다"고 강한 유감을 표했다.

우리나라 역대 대통령들의 정권 말기에 측근과 연루된 비리 문제로 인해서 명예롭게 청와대를 떠나지 못했다. 김영삼 대통령 때는 소통령으로 불리든 아들이 정부 인사를 지시하고 수많은 이권에 개입해서 수백억 원을 챙긴 비리가 있었고 김대중 대통령 때는 세 아들과 공신들이 정부 요직의 인사 개입과 각종 이권에 개입하여 수천억 원을 챙긴 비리가 있었다. 노무현 대통령은 딸의 미국 부동산 구입 의혹과 관련된 비리, 그의 형이 정부 인사에 개입하고 수백억 원을 수수한 혐의가 있었으며 부인 권양

숙 여사는 모 기업 회장에게서 수백만 달러를 받은 사건이 있었다. 이명박 대통령도 그의 형이 기업으로부터 수억 원의 불법 정치자금을 받은 혐의가 있다.

지난 3월 13일자 조선일보 1면에 게재된 박 전 대통령의 눈물을 글썽인 채 웃고 있는 사진이 독자들의 마음을 아프게 하고 있다. 박 전 대통령은 대국민 메시지를 빌미 삼아 야당에서는 벌 떼처럼 일어나 헌재 판결에 불복한다며 철저한 수사를 통해서 혹독한 맛을 보여줘야 한다고 말하고 있다. 하지만 박 전 대통령은 역대 대통령들이 가정경제 공동체라고 할 수 있는 아들딸, 형제 심지어 부인까지 비리에 관여한 것에 비해 자신의 죄가 무겁지 않다는 것에 억울한 생각을 갖고 있을 것 같다. 보고 싶지 않아도 보이는 것 같은 역대 대통령과 아들, 형 그리고 아내와의 작당모의가 눈에 선하게 보이는데 왜 그 관계를 파헤쳐 박 전 대통령처럼 탄핵시키지 못했을까 하는 의문이 든다. 그렇다, 확실한 것은 역대 대통령들의 행태로 보아 경제 공동체인 가족과 같이 모의해서 국정을 농락했을 경우 대통령직에서 탄핵인용은 면할 수 있다는 사실이다.

차기 대권 후보들이 헌재 판결에 쌍수를 들어 환영하고 있다. 마치 역대 대통령들이 그랬듯이 한탕 하기 위해 혈안이 되어 있는 모습으로 보인다. 필자만 말도 안 되는 유치한 생각을 하고 있는 건지 모르겠다.

현행 제왕적 대통령제가 구시대적 낡은 제도라고 하면서 헌법을 개정해야 한다고 주장한다. 4년 중임 대통령제와 분권형 대통령제를 중심으로 논의되고 있는 것 같다. 과연 대통령의 비리가 제도적인 문제인가 아니면 대통령의 자질 문제인가를 생각해봐야 한다. 제도야 어떻게 바꾸든 한 나라를 통치할 수 있는 자질과 역량을 갖추어야 한다.

정부에서 대선일을 5월 9일로 확정했다. 대선 후보들은 자신의 자질을 유권자들에게 투명하게 보여줘야 한다. 전임 대통령들과는 다른 대통령이 될 것이라는 사실을 증명해야 한다. 그리고 역대 대통령들의 전철을 밟지 않겠다는 믿음을 줘야 한다. 잿밥에 관심을 갖지 않고 탄핵 정국으로 두 쪽 난 국론을 통합하고, 안보와 경제 환경의 어려움 속에서도 힘차게 재도약할 수 있는 동력을 확보할 수 있는 대통령이 절실하다. 유권자들은 앞으로 두 달 동안 후보들의 역량과 자질을 샅샅이 살펴 올바른 선택을 하도록 노력해야 한다.

+ + +

신흥공업단지의 경제 한파

글을 신문사에 보내야 할 때가 임박했다. 삶의 과정이 단조롭고 식견이 넓지 않기에 글의 소재 또한 풍부하지 못해서 고민스럽다. 요즘 화두가 되고 있는 경제 이야기를 정치권과 연결해서 써보려고 하는데 경제 쪽은 사실 전공 분야도 아니고 독자를 생각하지 않을 수 없어 무척 조심스러워진다.

언론에 회자되는 전문용어를 선불리 꿰맞추다 보면 오히려 초등학교 교장이라는 사람이 애들 가르치는 얘기나 쓰지 격에 맞지 않는 어설픈 글이라며 비판의 날을 세울 거 같은 생각이 든다. 하지만 경제로 인한 시국이 하도 어수선하여 부끄러운 마음을 접어두고 용기를 내어 소견을 몇 자 써보려고 한다. 우리나라 경제가 세계 경제와 유기적인 관계를 맺으며 돌아가는 경제 상황에 많은 사람이 관심을 갖는 것 같다. 요즘 서점가에서는 경제 관련 서적들의 판매량이 부쩍 늘었다고 한다. 보통 사람들이 깊은 식견 없이 관심을 갖는 차원에서 부담 없이 경제와 정치 얘기를 써보려고 한다.

이명박 대통령은 야심 찬 경제 관련 공약을 내세워 국민들의 압도적인 지지를 받고 대통령에 당선되었다. 또한 국민들은 대통령의 공약을 실현하는 데 걸림돌이 되지 않도록 여당 국회의원을 3분의 2 가까이 의회로 보내줬다. 그런데도 불구하고 의회에 상정된 경제 살리기 제도 관련 법안, 일자리 창출 법안 등 소위 MB법안 들이 심의 의결되지 않고 있다. 민주주의 원칙인 협상, 타협, 다수결의 원칙이 무색해지고 있는 것이다. 야당 의원들이 숫자의 열세를 극복하기 위해 해머와 전기톱을 들고 물리적인 방법으로 난동을 부리는 모습을 국민들은 지켜보았다. 그동안 국회에서 벌어지고 있는 웃지 못할 일련의 추태들이 세계 언론에 여과 없이 보도되었다고 한다. 한심하고 부끄러운 정치권임을 국민들은 개탄하고 있다.

얼마 전 당진군 의회에서 예산안을 심의하는 의원님들의 진풍경이 어느 지방신문에 보도된 기사 내용을 본 일이 있다. 국회에서처럼 쟁점 법안을 놓고 여야로 나뉘어 심각한 대치국면으로 치닫는 것은 아니지만 상정된 예산안을 깊이 있게 심의하지 못함을 질타하는 내용의 기사였다. 지역민들의 고통스러운 경제 현실을 감안하지 못한 부분을 지적하여 바로잡지 못하는 의원님들에 대해서 자질이 의심스러움을 지적하고 있었다. 우리 고장이 전형적인 농어촌 사회에서 언제부터인가 산업의 구조변화 즉 경제구조의 변화를 가져왔다. 나라 경제가 어려워도 쌀값만 오르면 배부르게 지냈던 옛날의 경제구조가 아닌 것이다. 복잡한 연결고리로 도미노 현상처럼 어느 한쪽이 부실할 때 전체가 무너지는 것이 오늘의 경제구조인 것 같다.

세계 경제가 공황 상태이면서 우리나라도 각종 경제 관련 지표들이 미미한 정도의 하향이 아니고 급락이라고 표현해야 할 정도로 하강 속도가 빠르게 진행되고 있다. 그동안에 기록을 갱신했다는 기사도 지상에 자주 대서특필되고 있다. '서브프라임 모기지(Sub Prime Mortgage)'라는 발음하기도 힘든 낯선 용어가 언론에 등장하면서 금융권 전체가 흔들리더니 자금 유통이 원활하지 않으면서 중소기업들이 줄도산하고 대기업들도 휘청거리고 있는 상황인 것 같다. 환율이 급등하고 주가는 곤두박질치고 실업률이 높아지면서 일자리를 잃은 근로자들의 아우성이 높아지고 있다.

우리 지방도 예외는 아닌 것 같다. 많은 중소기업이 부도 위기에 봉착하여 어려움을 겪는다고 한다. 신흥공업지역에 불어닥친 지역경제의 한파를 극복할 수 있도록 비상 특별예산이라도 수립해서 가시적인 일자리 창출은 아니더라도 희망적인 미래를 기약할 수 있는 기반을 조성했으면 어떨까 생각한다. 살아가기가 더욱 어려워진 독거노인들이나 소년 소녀 가장들 같은 절대 빈곤자들이 최소한의 삶을 영위하도록 지원책을 마련하는 것도 좋겠다. 며칠 전 지방신문이 지적했던 군청 직원들의 외유성 해외 연수비로 책정된 예산을 이들에게 혜택이 주어지도록 하는 방안을 모색해보는 것도 좋겠다는 생각이다. 의원님들께서는 자질에 문제가 있다고 거론했던 비하성 기사에 추락한 명예를 회복하기 위해서라도 추진해보는 것이 좋을 듯하다.

+ + +

준법과 도덕성의 괴리(乖離)

준법성(遵法性)은 법적 요인과 같은 외부적 요인에 따라 결정된다. 사람들은 법을 위반했을 경우 형벌 받는다는 것을 인식하고 있다. 또한 도덕성과 다르게 법조문으로 정해져 있기 때문에 이를 지켜야 한다는 강제력을 가진다. 한편 도덕성(道德性)은 개인의 가치관에 따라 윤리의 기준을 결정하는 것이라 할 수 있다. 도덕성의 정도가 개인마다 차이가 있기 때문에 어떤 사람의 잘잘못을 판단할 수 없다. 도덕성은 공동체 생활에서 상호관계를 맺으며 살아가는 데 중요한 덕목이다.

버스에 노인 한 분이 타셨는데 자리가 없다. 내가 앉아 있는 자리를 양보하느냐 마느냐를 결정하는 기준이 바로 개인의 도덕성이라 할 수 있다. 자리를 양보하지 않았다고 해서 처벌하지는 않는다. 준법은 엄격한 강제력을 갖는 법(法)이 있고 도덕성은 내 자신이 주체가 되어 판단하고 행하는 것이다. 준법과 도덕성이 상호보완적인 의미 있는 관계로 발전해야 정의롭고 건전한 사회가 조성될 수 있다. 별개의 무의미한 관계로 괴리(乖離)된다면 사회악(社會惡)이 만연되는 것이다. 몇 가지 사례를 통해서 소견을 피력해본다.

채동욱 전 검찰총장이 혼외 아들을 두었다고 언론에 보도되면서 세간에 화제가 되고 있다. 그는 자신을 모함하기 위한 언론보도라며 사실무근(事實無根)임을 주장하고 있다. 하지만 내연녀의 집에서 가정부로 있던 이 모 여인의 증언, 내연녀 임 모 여인의 대화록 등 진실에 접근하는 보도가 이어지고 있다. 채동욱 전 검찰총장은 그 권좌에서 물러났지만 말이 없다. 정치사회에서 반박하지 않는 거짓말은 진실로 통한다. 채동욱 검찰총장은 언론에 백기(白旗)를 든 것이다.

검찰은 사회정의를 지키는 마지막 보루(堡壘)이다. 검찰이 준엄함을 보이자면 바르고 깨끗하고 정의로워야 한다. 그럼에도 검찰의 최고 권좌에서 법을 악용하고 도덕성이 결여된 모습을 보인 것이다.

또 다른 사건은 내란음모 혐의를 받고 있는 국회의원 이석기 관련 사건이다. 내란음모와 국가보안법상 찬양, 고무, 이적동조(利敵同調) 등의 혐의를 받고 있다. 이석기 의원을 비롯한 종북 세력들은 대한민국의 건국 자체를 인정하지 않고 역사를 왜곡하고 있다. 이들은 8 · 15 해방 이후 미군은 점령군, 소련군은 해방군, 이승만 정권은 친일파로 매도하고 대한민국의 건국이념을 부정하고 있는 것이다. 국회에서 체포동의안이 가결되면서 국정원과 검찰에 송치되어 조사를 받았지만 묵비권을 행사하며 수사에 협조하지 않았다. 북한에서 애국인사들이라고 칭송되는 이들이 법정에서 행적 전모가 명쾌하게 밝혀져 준엄한 법의 심판을 받게 될지 국민들은 지켜보고 있는 것이다.

나는 새도 떨어뜨린다는 검찰총장직에 있으면서 법을 악용하고 이를 지켜보는 국민을 우롱하고 있다. 국회의원의 신분으로 내란음모라는 반역죄로 검찰에 송치된 이석기 의원은 대한민국을 자랑스럽게 생각하는 많은 국민의 가슴에 대못을 박았다. 이들의 죄과는 아직 밝혀지지 않았지만 언론에 회자되는 것들이 사실로 드러난다면 상응한 벌을 받으리라 믿는다.

'법은 최소한의 도덕이다'라는 말이 있듯이 법은 우리가 지켜야 할 최소한의 도덕으로 만들어졌다. 즉 이것만은 꼭 지켜야 사회질서가 유지된다는 것이다. 본인의 동의 없이 유전자 검사를 할 수 없다는 법을 악용하는 채동욱 전 검찰총장, 묵비권으로 일관하며 자신의 죄를 은폐하고 수사에 협조하지 않는 국회의원 이석기를 보면서 준법과 도덕성이 괴리된 사회악을 생각한다. 그리고 국민들은 무너지는 사회 기강과 국가의 명운을 걱정하고 있는 것이다.

+ + +

시장의 역량과 지역 발전의 명운

6 · 4 지방선거로 민선 6기가 출범한 지 4개월째 접어들고 있다. 선거 기간 동안 지방자치단체장, 지방기초의원에 출마했던 후보들은 유권자들을 유혹하는 각색의 선거공약을 제시하였다. 물론 그들이 제시한 선거공약은 유권자들이 나름대로 판단하여 표심을 굳히는 데 중요한 요인으로 작용하였다. 치열한 경쟁으로 당선된 이들이 선거 기간 동안 유권자들에게 약속했던 공약사항을 얼마나 비중 있게 여기고 실천 의지를 갖고 있는지 궁금하다.

유권자들과의 약속을 꼭 지키겠다는 강한 의지로 신뢰감을 주는 지방자치단체장이 있다. 당진시와 인접한 홍성군의 김석환 군수이다. '민선 6기 공약사항 실천계획 중간보고회'를 개최하고 선거공약을 효과적으로 추진하기 위해 소관 부서별 검토를 통해 실천계획을 구체적으로 수립하여 군민들에게 공포하였다. 공약사항은 임기 내 완료하거나 기반을 조성하는 성과를 거두겠다는 강한 의지를 표명한 것이다.

필자는 6 · 4 지방선거 기간 중 모 지방지에 '숭어와 망둥이'라는 제하의 칼럼에서 선거공약을 가볍게 여기고 이행하지 않는 지자체장이나 기초의원은 사기꾼이라고 했다. 선량한 유권자들을 감언이설로 기만했다는 뜻이다.

당진시장은 취임사에서 민선 6기 시정슬로건을 '행복한 변화, 살기 좋은 당진'으로 정하고 사람 중심, 시민 행복, 소통과 참여, 책임과 신뢰의 네 가지 원칙으로 모든 시민이 살고 싶은 당진을 만들겠다고 밝혔다. 이어서 당진 경제를 살리고, 잘사는 농어촌 만들기 등 몇 가지 공약사항을 피력하였다. 추상적이고 계량화하기 어려운 공약이란 생각이 든다. 홍성군 김석환 군수의 모범적인 사례와 같이 실천계획을 구체적으로 수립하고 실천의지를 밝혀 당진 시민들에게 신뢰감을 주기 바란다.

다음은 당진시의 방만한 예산운용과 무분별한 복지정책을 몇 가지 지적해본다. 2014년 당진시 지방재정 공시에 따르면 지난해 살림 규모가 8,138억 원으로 전국 지자체 평균 보다 316억 원이 많은 규모이다. 지역세나 인구 현황에 비해 방대한 예산 규모라는 생각이 든다. 재정자립도는 31.47%로 전국 평균 50.1%에 훨씬 못 미치고 있다. 당진시는 현대제철, 동서발전 등 국내 굴지의 대기업들이 들어서 있고 지금도 크고 작은 기업들이 계속 유입되고 있다. 세수가 타시 · 군에 비해 월등할 것으로 짐작하는데 재정자립도가 전국 평균에도 미치지 못하는 것이다. 주요인으로 방만한 예산운용, 무분별한 복지 포퓰리즘이 아닌지 점검해봐야 한다.

사회복지정책을 보편적 복지와 선별적 복지로 분류하고 있다. 두 가지의 복지정책에 장단점이 있지만 예산을 효율적으로 운용한다는 측면에서 선별적 복지정책이 타당하다고 할 수 있다. 낮은 비용으로 높은 효과를 기대할 수 있고 서비스의 질을 제고할 수 있는 장점이 있다. 예를 들면 학생들의 무상급식을 재벌의 자식들까지 혜택을 줘서는 안 된다는 견해가 선별적 복지이다. 빈곤계층에 대한 기본적인 생활과 최저생계비 보장 등도 선별적인 맞춤형 복지라 할 수 있다. 전국의 많은 시 · 군 · 구에서 심각한 재정위기로 복지 디폴트(default—지급불능) 우려를 초래하고 있다. 역시 방만한 예산운용과 선거 과정에서 무분별한 선심성 복지공약으로 인한 것이다. 이와 관련하여 필자의 견해를 몇 가지 개진해본다.

공무원은 지역주민의 공복이라고 한다. 공복은 지역사회를 위해 몸과 마음을 바쳐 일하는 사람을 뜻한다. 호화청사에서 근무하는 시청 공무원들은 지역민들의 혈세로 복지혜택을 부족함 없이 받는 것 같다. 헐가에 제공되는 양질의 급식은 물론 복지 혜택을 만끽하면서 근무하는 모습을 지역주민들은 선망의 눈길로 바라보고 있다. 엄청난 예산을 투입하여 운영되는 장애인, 노인 복지관도 지역의 노인과 장애인 대비 수혜율이 낮다면 낭비성 예산으로 문제점을 지적할 수 있다. 초 · 중 · 고등학교의 무상급식을 전면 시행하는 것도 선심성 복지 포퓰리즘이 아닌지 생각해볼 문제이다.

다음은 당진시의 대표적인 지역 문화축제인 상록문화제에 대한 견해다. 심훈 선생의 일제강점기 불굴의 애국애족 정신과 농촌계몽을 선도했던 상록수 정신을 구현하고 기리는 행사였는지 되돌아봐야 한다. 지역 문화축제는 낭비성, 전시성 행사가 아닌 지역의 고유한 문화를 계승 발전시키는 계기가 되고 지역경제를 살리기 위한 축제여야 한다.

당진시의 민선 6기 시정 슬로건이 '행복한 변화, 살기 좋은 당진'이라고 하였다. 서두에 언급했던 선거공약을 성실히 이행하여 모두가 행복하고 살기 좋은 당진이 될 수 있도록 당진시민 모두가 기원하고 있다.

새해 예산안은 전임 시장들의 예산운용을 답습하지 말고 젊고 패기 있는 시장답게 정형화된 예산안 틀을 과감하게 혁신하여 역동적으로 발전하는 모습이 가시적으로 나타날 수 있는 예산안을 수립해주기 바란다. 지방자치단체장의 역량은 지역 발전의 명운을 좌우한다. 아무리 열악한 환경의 자치단체라 할지라도 지자체장의 능력과 리더십이 뛰어나다면 초일류 지방자치단체 실현의 꿈을 이룰 수 있는 것이다.

+ + +

패닉 상태에 빠진 주민들

지방자치단체장의 부정과 비리는 풀뿌리 민주주의인 당위성을 무색케 하고 있다. 2006년부터 임기가 시작된 민선 4기 기초단체장 230명 중 41%인 94명이 각종 불법과 비리에 연루되어 기소됐다고 한다.

단체장은 '소통령'이라는 말이 나올 정도로 막강하다. 예산의 편성과 집행, 각종 사업의 승인권과 인허가권, 인사권을 갖고 무소불위의 권력을 휘두르는 것이다. 자치단체 내에 자체 감사 조직도 있지만 허수아비에 불과하고 지방의회 역시 감시와 견제라는 본연의 기능을 발휘하지 못하고 있는 것 같다.

천안함 사고로 온 나라가 침통한 분위기일 때 중앙 매스컴을 통해서 당진군수의 감사원 감사결과가 보도되었다. 직무 관련 수뢰혐의, 직권남용, 입찰방해, 부동산실명법 위반 등 토착비리 혐의가 낱낱이 밝혀진 것이다. 뜻밖에 보도를 접한 당진 군민들은 참담한 심정이었다.

엊그제 학교 행사장에 찾아와 한 표를 호소할 때 타 후보들은 안중에 없는 듯 박수와 환호를 보내며 지역민들의 성원이 열화와 같았었는데 하루아침에 천당에서 지옥으로 추락하는 모습을 지켜보는 듯했다.

감사원 감사결과에 반박 성명을 발표할 때만 해도 당진 군민들은 한 가닥 희망을 생각했다. 보도된 감사결과에 대해서 조목조목 사실과 다름을 명쾌하게 밝혀지기를 기대했던 것이다.

한편 당진 군민들은 선거정국에서 정쟁의 흑막에 휘말리는 것 아닌가 하는 의구심으로 냉혹한 정치판의 추이를 지켜봤다. 시간이 지나면서 언론에 회자되는 비리 혐의는 고구마 줄기처럼 속속 드러났고 사실이라도 입증하는 듯 위조여권을 갖고 해외로 도피하려다 공항을 통과하지 못하고 잠적했다는 언론보도에 한 가닥 희망마저 사라지고 말았다.

비리 백화점을 보는 것 같다는 언론의 표현대로 이 지경이 되도록 주위 측근에 있는 사람들은 뭐 하고 있었는지 정말 개탄스럽다. 묵인했거나 방조했다는 말인가 매관매직의 사슬에 묶여 그분의 뜻에 동조할 수밖에 없는 자유롭지 못한 처지였나 군민들의 의혹은 눈덩이처럼 불어나고 있다. 이들은 그동안의 경위와 처신에 대해서 분명하게 밝혀야 한다. 그리고 당진 군민들의 참담하고 허탈한 심정, 패닉 상태에 빠져 있는 분위기를 치유하고 소생시켜야 한다.

선거철이면 학교 동문이고 우리 지역 출신이어서 다른 후보는 생각할 여지도 없이 표를 던졌던 사람들, 군수님이 우리교회 장로님이라고 자랑스러워했던 교인들, 행정기관을 감시하고 견제해야 할 군의회 의원님들은 이와 같은 현실을 어떻게 받아들이고 있는지 궁금하다.

그뿐인가 각 읍면 초도순시 때 모든 현안 문제를 해결해준다는 감언이설에 환호와 박수를 보냈던 지역민들은 물론 14만 유권자 모두가 자괴지심을 가져야 한다.

요즘 천안함 사고로 유명을 달리한 장병들을 애도하기 위해서 공무원들의 가슴에 착용한 검은 리본은 당진군민의 배신감, 좌절감으로 참담한 심정을 달래기 위한 리본임을 생각하게 한다.

이제 검찰의 도마 위에서 얼마나 난자당하고 부끄러운 치부가 드러날지는 모르겠다. 시 승격을 눈앞에 두고 복 받은 당진 군민으로 자긍심을 가졌던 우리 모두의 비극이고 불행인 것이다.

그러나 끝이 안 보일 것 같은 암담하고 치욕적인 현실을 우리는 지혜롭게 헤쳐 나가야 한다. 이제 와서 누구의 잘잘못을 따지고 배척해서 우리에게 돌아오는 유익은 없을 것 같다. 우리 모두 자성의 계기로 삼고 다가오는 6 · 2 지방선거에서는 온 군민이 하나 되어 분별력을 잃게 했던 지연, 학연, 혈연, 종교 공동체 의식 등을 모두 배제하고 참신하고 유능한 일꾼, 자랑스런 당진시 건설에 헌신할 수 있는 일꾼을 뽑는 데 선각자적인 사명감을 갖고 선거에 임해야 한다.

+ + +

중국 류양시 방문기

지난 주 화요일은 5박 6일간의 긴 여정이 시작되는 날이었다. 새벽 4시 반 당진 문예전당에서 10명의 일행이 미니버스를 타고 긴 여정의 장도에 올랐다. 한 시간 반 정도 걸려서 인천국제공항에 도착하였다. 중국행 8시 10분발 비행기 시간을 대기 위해 이른 새벽부터 잠을 설치고 출발한 것이다. 일행은 교육장님을 비롯한 교육청 산하 4명과 군청에서 군수님 외 5명이 함께 출발하였고 목적지는 중국 호남성에 위치한 류양시였다. 인천국제공항에 도착하여 출국 수속을 밟고 간단히 아침 식사를 하였다. 8시 10분발 중국 북경행 비행기를 타고 한 시간 반 정도 소요하였고 북경에 도착하여 다시 장사행 여객기로 환승하였다. 오후 3시가 넘어서 장사 공항에 도착하였다. 우리 일행을 위해 류양시에서 특별히 보내준 버스로 3시간 정도 이동하여 목적지 류양시에 도착할 수 있었다.

류양시에 도착하여 류양시청에서 주관하는 환영식에 참석하였고 환영식이 끝난 후 호텔로 이동하여 여장을 풀었다. 저녁 시간에는 역시 시에서 주관하는 만찬장에 참석하였다. 류양시와 당진군의 우호결연을 통하여 앞으로 발전적인 협력증대 방안을 모색하자는 류양시장의 만찬사가 있었고 우리 일행의 단장님이신 이철환 군수님의 답사가 있었다. 당진시 승격과 관련한 당진의 발전상, 류양시와 교류협력 방안에 대한 내용의 말씀을 하셨다. 군수님 특유의 달변으로 참석자들의 열렬한 박수갈채를 받기도 하였다. 환영 만찬이 끝난 뒤 우리 일행은 배정된 호텔 객실에 가서 여장을 풀었다. 새벽 4시 반에 당진을 출발하여 지금까지 빡빡한 일정을 소화한 일행들은 그야말로 기진맥진이었다.

둘째 날 일정은 학교를 방문하여 우호결연 학교와 협약식을 갖고 류양시 교육국에 들러 결연 학교 간에 상호협력 방안에 대하여 논의하는 간담회가 있었다. 원당초등학교는 금사로초등학교, 황마니초등학교와 우호관계 협약을 체결하였다.

교류를 통하여 학생들의 국제적인 이해교육과 교직원들 간에도 전문성 신장에 도움이 되도록 함은 물론 양국 간에 역사와 문화를 이해하고 돈독한 우의를 다진다는 협약 내용이었다. 협약식에서 학교장 인사말로 우리나라와 중국은 지정학적으로 인접해 있으면서 역사적으로 수천 년 동안 우호적 국제관계를 돈독하게 맺어왔으며 특히 당진은 당나라 항구라는 뜻의 지명이 말해주는 것처럼 오랜 옛날부터 중국과 교류해왔다는 역사적인 배경을 얘기하였다. 앞으로 협약사항을 준수하는 데 북한과의 관계 등 국제적인 미묘한 문제로 인해서 퇴색되어서 안 된다는 것을 강조하기도 했다.

초 · 중학교의 우호 협약식으로 오전 일정을 마치고 오후에는 화약 생산 업체인 동신기업을 방문하였다. 류양시는 예로부터 화포산업이 발달하여 세계적으로 알려져 있고 이곳에서 생산된 화약을 많은 나라에 수출한다고 한다. 동신기업은 화약을 생산하는 1,000여 개의 업체 중 한 기업이라고 하였다. 개발된 화약을 실험하고 제조하기 위한 시설 규모가 대단하였다. 동신기업 방문에 이어서 류양시의 저녁 환영 만찬이 있었다. 오늘 저녁에 있을 불꽃 축제에 초대된 수백 명의 외국인들과 자리를 같이하였다. 류양시에서 주관하는 불꽃 축제는 1년에 한 번씩 개최하는데 화약의 성능과 불꽃 축제의 장관을 보기 위해서 수십 개국에서 바이어들이 몰려든다고 한다. 저녁 만찬이 끝나고 30분 정도 버스로 이동하여 불꽃 축제 행사장에 도착하였다. 10여만 명 정도의 굉장한 인파가 모여 있었다. 시청의 배려로 지정된 좌석에서 불꽃 축제 광경을 관람하였다. 가히 장관이라 할 수 있었다. 그동안 국내에서 봤던 불꽃 축제가 장난스럽게 여겨질 정도의 스펙터클한 규모로 모든 사람이 감탄사를 연발하였다.

이철환 군수님은 환영 만찬식 답사를 통하여 시 승격 원년인 2012년에 당진에서도 불꽃 축제 개최 의향을 밝히기도 하셨다. 류양시장도 환영의 뜻으로 화답하였고 적극적인 지원을 아끼지 않겠다고 약속하였다. 앞으로 이 같은 협력을 계기로 류양시와의 우호적인 관계가 더욱 돈독해지고 나아가서 국가 간의 국제관계가 발전하는 계기가 되길 기원해본다.

+ + +

삼례문화예술촌과 백제왕궁 유적

내포문화연구원이 주관하는 142차 역사기행이 있는 날이다. 이른 아침 서둘러 아침 식사를 마치고 7시 30분 관광버스 도착 시각에 맞춰 나갔다. 엊그제만 해도 매서운 찬 바람이 옷깃을 여미게 했는데 빠른 걸음을 재촉해서인가 콧등에 땀방울이 맺혔다. 완연한 봄기운이 감도는 것 같다. 시골집 울타리와 동네 개울가에 개나리가 노란 꽃망울을 터트리고 온 산하를 붉게 물들이는 진달래꽃이 우리를 곧 반길 것 같다.

고속버스는 면천 IC를 진입하여 대전당진고속도로를 달리다가 공주 IC에서 천안논산고속도로로 경로를 바꿨고 다시 호남고속도로로 진입하여 익산 IC를 빠져나와 목적지로 향했다. 오늘의 답사 여정은 삼례문화예술촌, 익산 왕궁리 유적, 미륵사지, 보석박물관 순으로 예정하였다.

관광버스는 2시간 동안 질주하여 첫 답사지 완주군 삼례문화예술촌에 도착하였다.

"무슨 문화예술촌이 이렇게 생겼어?" 첫눈에 들어온 건, 말 그대로 무뚝뚝하게 생긴 창고 몇 동이었다. 1970~80년대까지도 농촌에서 흔히 볼 수 있었던 목재창고였다. 시커먼 벽에는 '협동생산 공동판매' '삼례농협창고'

같은 글씨까지 고스란히 남아 있었다.

삼례문화예술촌은 농협에서 비료와 쌀 창고로 쓰던 것을 개조하여 문화예술촌을 조성하였다. 이곳은 모두 여섯 곳의 문화예술공간이 독립적으로 운영되고 있다.

먼저 찾은 곳이 VM(visual media)아트미술관. 문을 밀고 들어서면서 눈이 저절로 크게 떠졌다. 창고 그대로의 외관을 배신이라도 하듯 '첨단 예술'의 세상이 펼쳐져 있었다. 쓰레기통에서 건져낸 재료로 만들었다는 정크아트 작품들이 눈길을 끌었다. 창고 건물이 문화예술 공간으로 다시 태어났듯이, 일회용 빨대나 링거 줄 같은 쓰레기들이 작품으로 변신했다. 인터렉티브 아트라는 물속 체험도 신기했다.

두 번째 찾은 곳은 책박물관. 상설전시 공간에 '한국 북디자인 100년'을 주제로 1883년부터 1983년까지 출판된 책을 전시해 놓았다. 북디자이너가 별도로 없던 시절, 화가들이 그린 책 표지가 눈길을 끌었다. 윤동주 시집 『하늘과 바람과 별과 시』는 김환기가 디자인했다. 30년간 교과서 삽화를 그린 김태형 작가 코너에서는 오래 잊고 있었던 '철수와 영희'를 만날 수 있었다.

다음 세 번째 찾은 김상림 목공소에는 조선 목수들의 철학이 스며 있는 나무가구를 재현해 놓은 것은 물론 각종 연장을 전시해 놓았다. 안으로 들어서는 순간 짙은 나무 향이 오래 그리워하던 고향 소식을 들은 듯 왈칵 반가웠다. 전시해 놓은 작품들은 우쭐거리지 않고 담백한 느낌이라 마음이 편안했다.

오래된 것들은 누가 시키지 않아도 스스로 소통해서 친구가 된다. 마당 곳곳에 설치한 조형물도 원래 거기 있었던 듯 풍경 속으로 스며들어 있었다. 봄바람처럼 느긋해진 몸과 마음으로, 오래된 것들과 새로운 것들 사이를 거닐었다. 과거도 현재도 미래도 남남이 아니라는 사실을 확인할 수 있었다. 시간 위의 모든 것은 하나로 이어져 강물처럼 흘러가는 것이다. 고통의 시대가 남긴 유산과 이 시대의 문화예술이 공존하는 삼례문화예술촌에서 그 증거를 보았다.

아침 식사를 평소보다 일찍 해서인가? 점심때가 채 되지 않았는데 배가 고파왔다. 삼례문화예술촌에서 바로 길 건너에 '새참수레' 간판이 걸린 뷔페식당으로 안내하였다. 65세 이상의 할머니들이 조리한 음식인데 정갈하고 구색을 갖춘 맛깔스런 음식점이었다.

다음 답사 코스는 전북 익산시 왕궁면에 위치한 익산 왕궁리유적이다. 왕궁리유적은 백제 왕실이 수도 사비의 취약점을 보완하기 위하여 세웠다고 한다. 1976년 이후 30년이 넘는 기간 동안의 고고학적 조사를 통하여 그 전모가 확인되었다. 백제시대 왕궁 관련 시설, 금과 유리 등을 생산하는 공방시설, 사찰로 구성되어 있었다. 왕궁 관련 시설은 장방형의 석축 궁장을 비롯하여 동서석축, 건물지 등이다. 특히 정전으로 추정되는 대형건물지가 발견되어 백제 왕궁 구조 및 공간구획의 원리를 밝힐 수 있게 되었다고 한다. 부여의 관북리에서 발견된 것과 비슷한 규모와 구조를 지니고 있다는 것이다. 이 왕궁은 뒤에 그 기능이 사찰로 바뀌었는데, 사찰로 기능이 바뀌는 시기는 백제 말기(7세기 중엽)~통일신라 초기(7세기 후엽)라고 추정하고 있다. 현재 남아 있는 오층석탑이 이를 보여준다. 북서쪽 가까운 곳에 미륵사지가 있으며, 주변에 미륵산성을 포함해서 10여 개의 성이 있었던 것을 보아 왕궁리에 있는 궁궐을 내성 삼아 보호했던 것으로 추정하고 있다. 역사문화실에서는 백제 무왕이 창건한 호국사찰 미륵사 석탑에서 출토된 사리장엄구 속에서 백제 사리장엄의례와 화려하고 완숙한 금속공예기술의 정수를 볼 수 있었다.

호남 사람들의 문화예술을 사랑하는 정신을 엿볼 수 있는 삼례문화예술촌과 부여, 공주에 이어 백제문화를 꽃피웠던 익산 백제왕궁, 미륵사지는 같은 백제문화권에 살고 있는 우리들에게 신선함과 정겨움을 주었던 고적답사였다.

✢ ✢ ✢

한반도의 최남단 전라남도 해남(海南)

지난 6월 28일은 제136차 내포문화연구회 역사탐방일이었다.

새벽 6시 30분에 당진시 2동사무소 앞에 46명의 내포문화연구회 회원들이 집결하여 관광버스로 목적지 전라도 해남을 향해 출발하였다. 해남은 한반도 최남단에 위치한 곳이다. 임진왜란 때 이순신 장군이 명량대첩에서 일본군을 크게 물리친 전승지로 알려진 곳이다. 탐방코스는 명량대첩 기념공원과 진도타워를 관람하고 오후에는 조선 중기 시조시인으로 널리 알려진 윤선도의 유적지 녹우당과 유물전시관을 탐방하는 여정이다.

새벽 공기를 가르며 서해안 고속도로를 질주하는 관광버스의 차창 밖으로 펼쳐지는 전라도의 농촌 풍경은 우리나라의 발전상을 한눈에 보는 것 같았다. 군사정권 시절 전라도 사람들은 타 시도에 비해 발전 속도가 더딘 것에 대한 불만이 컸다. 바둑판처럼 잘 정비된 광활한 평야지대와 곳곳의 농촌 마을 풍경은 옛날 전라도의 낙후된 모습이 아니었다. 오히려 좀 전에 지나왔던 충청도보다 더 발전했다는 생각이 들었다. 국민의 정부와 참여정부 10년 동안 전라도에 많은 공을 들였다는 생각을 해봤다. 차내에서는 역사기행 때마다 열정적인 강의로 찬사를 받는 이창구 선생님의 윤선도 작품을 주제로 문학 강의가 펼쳐졌다. 긴 여정에 지루함을 달래주는 청량제 같은 유익한 시간이었다.

첫 행선지 명량대첩기념공원에 도착한 것이 11시 반이었다. 4시간 반의 대장정이었다. 이곳은 임진왜란 7년 전쟁을 종식시킨 결정적인 계기를 마련한 곳으로 당시 최후의 교두보였던 울돌목을 성지화하기 위해 세운 기념공원이다. 거북선 모형과 명량해전에서 사용했던 천자총통, 지자총통 등이 전시된 충무공유물전시관이 있고 명량대첩탑을 중심으로 부녀자들이 군무를 춰서 왜적을 현혹시켜 명량대첩 승리의 결정적인 역할을 한 강강수월래 전수관이 위치해 있다. 공원 내에는 임진왜란 당시 의병과 관군의 전투 모습을 조각한 상들이 배치되어 생생한 감동을 주고 있다. 이곳에서 내려다보이는 울돌목은 해남과 진도 사이에 있는 좁은 해협으로 가장 깊은 곳의 수심은 20m에 이르러 매우 빠른 급류로 시속 25㎞의 물살이 흐르는 곳이다. 울돌목의 지형조건을 이용해서 12척의 배로 133척의 일본 대군을 물리친 세계해전사상 유래를 찾아보기 힘든 승전사를 기록하고 있는 곳이다.

명량대첩기념공원에서 진도대교를 건너면 왼쪽 언덕 위에 진도타워가 서 있다. 진도의 랜드마크라 할 수 있다. 지상 7층 규모에 높이가 60m에 달한다. 타워 1층에는 진도홍보관, 2층에는 진도역사관과 명량대첩 승전관이 있다. 3~6층은 카페, 레스토랑이고 7층에 전망대가 있다. 전망대에 올라가면 그 옛날 격전의 울돌목이 내려다보이고 진도 주변의 다도해의 섬들이 한눈에 들어온다. 가히 진도의 명물로 손꼽을 만하다. 타워 바깥 남동쪽 광장에는 명량의 승전을 기리는 또 하나의 조형물이 세워져 있다.

점심 식사 후 다음 행선지는 고산 윤선도 유물전시관이다. 고산 윤선도는 조선 중기 우리나라를 대표하는 국문학의 최고봉으로 평가받는 시조시인이다. 철 따라 바뀌어가는 자연의 모습을 아름다운 우리말로 노래한 「어부사시사」와 「오우가」 등은 자연을 벗 삼아 살아가는 선비의 생활과 서정을 절제된 언어로 표현한 시조의 최고봉이자 산수 미학의 절정이라는 평가를 받는다. 유물 전시관은 지하 1층, 지상 1층의 전통 한옥양식 건물로 전시관과 교육관 등을 갖추고 있었다. 유물전시관에는 고산 윤선도가 남긴 주옥같은 글과 고산의 증손자인 공재 윤두서의 그림, 집안을 지키기 위해 눈물겨운 싸움을 했던 종부들의 글이 전시돼 있었다.

한반도 최남단에 위치한 전라남도 해남은 지정학적으로 관광자원이 풍부한 곳이다. 지방자치단체에서 이를 잘 개발하여 국내외 관광객들을 많이 유치하고 있다.

당진시도 국내에 알려져 있는 관광명소가 많다. 우리나라 최초의 사제이신 성 김대건 신부님이 탄생하신 솔뫼성지, 조선 세종 21년에 쌓았다는 면천읍성, 조선시대 공교육기관으로 알려진 당진, 면천향교, 우리나라 최초의 함상공원이 조성된 삽교호, 남이흥 장군 유적지, 유일하게 일출, 일몰, 월출까지 볼 수 있는 왜목마을 등을 복원하고 정비해서 외국인들까지 유치할 수 있는 관광도시로 조성했으면 하는 생각을 해봤다.

관광자원의 개발은 자연경관 등 상당한 관광 가치를 지니고 있으면서도 그리 알려져 있지 않은 지역에 교통수단의 건설, 관광자원의 복원, 정비, 선전, 광고 등의 인공수단을 가함으로써 관광의 대상으로 만드는 것이다.

2부

각본 없는 드라마

+ + +

일본 야구를 침몰시킨 대역전 드라마

지난 11월 19일은 한국 야구의 역사적인 순간으로 영원히 남게 될 것이다. '2015 WBSC 프리미어 12' 4강전에서 콧대를 높이 든 채 한국 야구를 얕봤던 일본을 거꾸러트린 날이기 때문이다. 그것도 일본 야구의 심장부라 부르는 도쿄돔에서 우승을 노리던 일본을 9회 통쾌한 역전승으로 그들을 위한 잔칫상을 완전히 엎었다.

'2015 WBSC 프리미어 12'는 그동안 개최되었던 '야구 월드컵 대회'가 폐지되면서 다시 부활된 대회 명칭이다. 창립 첫 번째 대회로 일본과 대만이 주최하였다. 2020년 도쿄 올림픽에 야구를 정식 종목으로 넣기 위하여 일본 야구계의 호응 속에 대회가 마련됐다.

본 대회에 참가 자격은 IBAF(국제야구연맹)의 세계랭킹 상위 12개 나라에 주어진다. 현재 세계랭킹은 1위가 일본이고 2위는 미국이다. 우리나라는 8위이다. 개막전은 일본에서 개최하였다. 6개 팀씩 나눠진 A, B조의 조별리그는 대만에서 치루고 4강전은 다시 일본에서 개최하였다.

11월 8일 B조 예선 첫 경기이자 대회 공식 개막전인 한일전이 삿포로돔에서 열렸다. 일본과의 개막전에서 우리나라는 오타니, 모리모토, 마쓰이로 이어진 일본의 마운드를 공략하지 못하며 무기력하게 5:0 무득점으로 패하였다. 선발투수로 등판한 오타니는 6이닝 동안 2피안타 2사사구 10탈삼진 무실점으로 한국 타선을 꽁꽁 묶고 승리투수가 됐다.

오타니는 신장이 193㎝, 체중이 90㎏으로 훌륭한 신체조건을 갖춘 선수다. 여기서 뿜어져 나오는 구속은 160㎞ 이상이고 포크볼 구속은 140㎞ 후반대로 가히 놀랄 만한 괴물투수였다. 21세의 나이에 믿을 수 없는 투구 내용으로 미국 메이저리그 팀들이 눈독을 들이고 있다. 타고난 신체조건과 엄청난 재능까지 겸비한 괴물투수 오타니는 2015 일본 프로야구 다승왕을 차지하기도 하였다.

역대 최정상급 타선과 최고의 마운드를 구축했다고 자부하는 일본은 B조 리그전에서 6전 전승으로 8강에 올랐다. 우리나라도 일본, 미국에 이어 3위로 8강에 올랐고 8강전에서 쿠바를 가볍게 물리치고 4강에 진출하였다. 4강전 상대는 예상대로 개막전에서 참패를 안겨준 일본이었다.

그동안 대만에서 치러진 경기가 4강전부터는 일본 도쿄로 옮겨 경기를 개최하였다. 도쿄돔에서 열린 일본과의 4강전에서 선발투수는 우리에게 영봉패를 안겨준 오타니가 10일 만에 다시 마운드에 올랐다. 오타니는 경기 시작 전에 "일본이 한국을 이겨야 하는 것이 중요한 게 아니라 얼마나 큰 점수 차로 이기는 것이 중요하다"라고 자신감 넘치는 말로 인터뷰를 하였다. 괴물투수 오타니의 말이 당연한 것으로 동조하는 사람들이 많았다는 것이 현실이었다. 그만큼 오타니라는 벽을 허물기 어려웠고 일본팀의 홈그라운드 이점, 우리에게 불리한 변칙적인 경기운영 등 주변 상황이 질 수밖에 없는 코너로 몰려 있었다.

많은 팬과 전문가들의 예상대로 우리나라는 오타니의 공에 스윙도 못 해보고 삼진 행진이 이어졌다. 그리고 4회 말, 일본이 3점을 득점하면서 많은 시청자는 패배를 직감하며 TV를 끄고 잠자리에 들었다. 오타니는 7회까지 탈삼진 11개를 곁들여 1피안타 무실점의 역투를 펼쳤다. 괴물투수 오타니가 마운드를 내려간 뒤 노리모토도 8회 말을 삼자범패로 마무리해 한국은 패색이 짙어졌다.

그러나 기적은 9회 초에 벌어졌다. 대타로 나온 오재원과 손아섭의 안타에 이어 정근우의 적시 2루타가 터지며 점수를 3:1로 쫓아갔고, 이용규가 몸에 맞는 볼로 출루하여 무사에 만루 찬스를 맞았다. 다급해진 일본은 투수를 마이츠로 교체했지만 김현수에게 볼넷을 내줘 한 점을 추가했고, 다시 바뀐 투수 마스이를 상대로 이대호가 2타점 적시타를 때려내며 기어코 4:3 역전을 달성하였다. SBS 야구 해설위원 이승엽은 "한국 야구사에 가장 위대한 영웅이 탄생했다"고 찬사를 아끼지 않았다. 9회 대역전의 드라마가 펼쳐질 때 대한민국은 통쾌한 설욕의 기쁨과 함성의 도가니였다.

9회 말 일본의 마지막 공격에 마무리 투수로 올라온 정대현은 두 타자를 삼진과 땅볼로 잡아냈다. 그러나 2사 후 나카타 쇼가 중전안타를 터뜨렸다. 다시 도쿄돔은 환호성으로 가득 찼다. 하지만 일본의 패배에 아웃카운트 단 하나만 남은 상황이었다. 한국은 투수를 정대현에서 이현승으로 교체하였다. 일본도 2015 일본 프로야구 타격왕 나카무라가 대타로 타석에 들어섰다. 하지만 유격수 앞 땅볼로 아웃되면서 일본의 패배가 확정되는 순간, 극적인 희비가 교차되었다.

일본 팬은 굳은 표정으로 도쿄돔을 빠져나갔다. 관중석에서는 분노한 일부 야구팬이 응원도구를 그라운드 안으로 집어 던지기도 했다. 천당과 지옥을 오간 9회 도쿄돔, 결국 승자는 대한민국이었다. 가장 강력한 우승후보 일본을 무너뜨린 우리나라는 이틀 뒤 미국과의 결승전에서 8:0으로 완승을 거두고 우승 트로피를 들어올렸다.

숱한 악조건을 딛고 일궈낸 기적이기에 대한민국의 우승은 더 의미가 있고 빛이 났다. 일본의 꼼수 작전으로 불리한 상황에서도 오히려 더 하나로 똘똘 뭉쳐 난관을 헤쳐 나갔다. 일본의 과도한 욕심으로 '일본의, 일본을 위한, 일본에 의한 대회'라는 오명을 썼지만, 그 상황에서 우리 대표팀은 끝까지 품격을 잃지 않으며 완벽한 우승을 거머쥐었다.

+ + +

인류의 화합과 평화를 다진 평창 올림픽

평창의 17일은 뜨겁고 행복했다. 세계의 시선이 대한민국의 작은 도시 평창에 쏠린 가운데 2018년 평창 올림픽이 지난달 25일 막을 내렸다. 92개국 2,920명의 선수가 참가해 저마다의 기량을 마음껏 뽐낸 평창 동계올림픽은 스포츠를 통해 인류가 하나 될 수 있음을 웅변으로 보여준 한 편의 드라마였다. 1988년 서울 올림픽 이후 30년 만에 올림픽을 성공적으로 개최함으로써 대한민국은 한 단계 업그레이드된 나라로 나아가는 또 다른 여정을 시작했다.

'미래의 물결'을 주제로 펼쳐진 폐막식 공연은 케이팝(K—POP) 공연과 라이브 드론쇼, 전통음악 등이 어우러진 환상적인 무대였다. 스타디움의 성화가 꺼지고 다시 밤하늘에 형형색색의 불빛이 아로새겨질 때 아쉬움 속에서도 또 다른 시작을 기약하는 희망을 보는 듯했다. 특히 개막식 공동입장에 이어 폐막식에서 남북한 선수단이 각각 태극기와 인공기, 그리고 한반도기를 들고 자유롭게 함께 입장하는 모습은 이번 올림픽의 백미였다.

사람들 사이에서는 "이제 무슨 낙으로 사느냐"는 푸념 아닌 푸념마저 들린다. 현장 관람석에서 혹은 텔레비전 앞에서 우리는 저마다의 방식으로 평창을 뜨겁게 응원했다. 모처럼 국민을 하나로 묶어준 것 말고도 이번 올림픽의 의미는 각별하다. 축 처진 어깨가 안쓰러웠던 우리 청년들에게 다시 한번 주먹을 불끈 쥐게 하는 격려의 장이 됐다. 누구도 관심 갖지 않았던 비인기 종목에서 빛나는 투혼으로 개가를 올린 주역은 다름 아닌 우리 젊은이들이었다. 의성 마늘소녀들의 컬링, 스켈레톤, 봅슬레이, 스노보드 등에서의 예상 밖 쾌거는 기성세대와 청년세대 모두의 생각을 크게 바꾸는 반전이었다. 불모지로 잊힌 분야에서 이들의 쾌거는 어떤 메달보다 값진 보석이었다. 기죽지 않고 제 목소리를 낼 줄 아는 젊은 선수들의 패기는 실업으로 위축된 청년세대에 희망의 씨앗을 심어주었다. 조금만 관심을 쏟아줘도 청년들의 잠재력이 폭발할 수 있다는 사실에 기성세대는 새삼 각성했다.

평창 올림픽은 1988년 서울 올림픽 이후 30년 만에 우리나라가 다시 치른 지구촌 잔치였다. 한 세대를 건너 우리 안의 크고 작은 변화를 감지할 수 있었다. 일사불란한 국가 주도의 보여주기식 무대가 아니라 국민 스스로 참여하고 즐긴 축제였다. 막연한 애국심에 스포츠 정신을 퇴색시키지 않았으며 메달 수와 순위에 연연하지도 않았다. 혹한 속에서도 1만 6,000여 명의 자원봉사자들은 잔칫집의 주인으로 묵묵히 마지막 순간까지 행사를 빛냈다.

평창 올림픽에 이르는 길은 순탄하지 않았다. 지난해까지만 해도 북한의 핵 · 미사일 도발이 계속됐던 터라 올림픽이 제대로 치러질 수 있겠느냐는 의문이 끊임없이 제기됐다. 일부 국가는 대회 참가를 망설였고, 여자 아이스하키 남북 단일팀 구성을 놓고도 진통을 겪었다. 하지만 동계올림픽 사상 최대 규모의 선수들이 참가했던 평창 올림픽은 인류의 화합과 평화를 다진 스포츠제전이 됐다. 대회 운영도 나무랄 데 없었다. 외신들도 "흠잡을 것 없는 게 흠"이라고 호평했다. 입장권 판매율은 목표치를 웃돌았고, 경기장을 찾은 관람객은 133만여 명에 달했다.

문제는 올림픽 이후다. 스포츠 내적으로는 올림픽 시설이 경기 후에도 효과적으로 활용되는 방안, 비인기 종목에 대한 반짝 열기 아닌 지속적인 투자 등이 필요하다. 올림픽을 치르고 빚더미에 올라앉은 일부 해외 도시처럼 돼서는 곤란하다. 여자 팀추월 팀처럼 고질적인 파벌싸움으로 어린 선수들이 희생양이 되는 일이 반복되지 않게 체육계의 악습도 끊어내야 한다.

스포츠 외적으로는 평창 올림픽을 계기로 조성된 남북 화합의 분위기가 진정한 한반도 평화로 이어지도록 하는 것이 중요하다. 이번 올림픽에는 남북 단일팀 결성과 북한예술단 · 응원단 파견, 김여정 · 김영철 방남 등 여러 정치적 카드가 동원됐다. 북핵이라는 상존하는 위험을 애써 눈감은 정부가 일방적으로 북측에 끌려다닌다는 비판과 함께 남남갈등이 벌어지기도 했다. 올림픽 후 한반도의 진정한 긴장완화가 없다면 '평창의 평화'는 북한의 위장 공세에 불과했음을 우리는 직시하게 될 것이다.

+ + +

베트남 축구의 신기원을 이룬 박항서

지난 12월 15일 밤 베트남은 박항서 감독이 이끄는 축구 대표팀이 10년 만에 스즈키컵 우승을 차지한 직후, 길거리는 응원단과 오토바이가 점령했고 거리마다 밤새 환희로 들끓었다. 도시 기능이 마비될 정도로 베트남은 열광의 도가니였다고 한다.

베트남은 온 국민이 축구 대표팀 감독이라고 할 정도로 축구 열기가 뜨겁다. 그런데도 최근 상승한 국력에 걸맞지 않게 직전 축구 대표팀 성적이 국민의 성원에 부응하지 못하여 베트남 축구협회는 대표팀 재정비에 나섰다. 베트남 대표팀 감독을 교체하는 데 전 세계에서 300명 가까운 지원자가 응모했다고 한다. 축구 팬들은 당연히 유럽 명장을 원했다. 하지만 베트남 축구협회는 선수들과의 호흡을 위해 아시아 명장을 뽑기로 했다. 그렇다면 일본 감독이 우선순위였는데, 문제는 베트남 대표팀의 전전임 일본인 감독이 기대에 못 미쳤다는 점이다. 그래서 일본 감독의 지도력에 의구심이 제기됐고, 결국 2002년 월드컵 4강 경력의 박항서 감독이 낙점됐다.

박항서 감독은 한국에서 축구 인생 황혼기에 접어들고 있었다. K리그에선 그를 찾는 구단이 없었고 창원시청에서 지도자 인생을 마칠 것으로 보였다.

그때 박 감독의 부인이 동남아시아 쪽이라도 알아보는 게 어떠냐고 권유했고 마침 베트남에서 그를 국가대표팀 감독으로 낙점한 것이다. 면접 때 박항서 감독은 작은 키를 어필했다고 한다. 자신이 키가 작기 때문에 키 작은 선수의 비애를 잘 알고, 그것을 극복할 수 있는 플레이 스타일을 만들어갈 수 있다고 한 것이다. 베트남 대표팀은 작은 키가 고민이었기 때문에 박 감독의 작은 키 논리도 베트남 축구협회의 마음을 움직이는 데 한몫했다고 한다.

박 감독은 2017년 10월 취임 후 2달 만에 극적인 반전을 일으켰다. 베트남의 숙적은 태국이었다. 태국을 이기고 동남아시아 대회에서 우승하는 게 염원이었는데, 무려 10년 동안 태국을 이기지 못했다. 동남아시아 대회는 2008년 최초 우승 이후 결승전에도 오르지 못했다. 그런데 박항서 감독이 부임 2달 만인 2017년 12월 M—150컵에서 태국을 2:1로 눌렀다. 이때부터 박 감독을 보는 시선이 달라지기 시작했다. 그리고 2018년에 기적의 역사가 만들어진다. 출발은 1월 아시아축구연맹(AFC) 23세 이하(U—23) 챔피언십. 호주를 누르고 결승에까지 진출했다. 한국을 4:1로 대파한 최강 전력 우즈베키스탄과의 결승전에서 눈보라가 휘몰아치는 가운데 연장전 혈투 끝에 1:2로 석패한다. 베트남 전역에 축구에 대한 열기가 달아올랐다. 동남아시아 대회 정도가 목표였는데 아시아 전체 대회에서 2위에까지 오른 것이다. 8월 자카르타—팔렘방 아시안게임에선 일본을 누르고 베트남 사상 최초로 4강에 진출한다. 또다시 엄청난 열기가 베트남을 뒤덮었다. 박항서 감독은 위인의 반열에 오른다. 그리고 이번, 대망의 동남아시아 대회인 스즈키컵 우승은 원래부터 베트남이 목표로 했던 대회였다. 앞선 아시안게임이나 23세 이하 대회가 연령 제한이 있었던 데 반해 이번엔 그야말로 명실상부한 국가대표팀들의 혈전이라는 점, 그리고 앞선 대회들이 모두 베트남 밖에서 펼쳐진 데 반해 스즈키컵 결승전 마지막 경기는 베트남의 수도 하노이 국립경기장에서 펼쳐진다는 점에서 국민들의 기대가 절정에 달했다.

박항서호는 거기에서 2018년 역사의 마침표를 찍었다. 자국민들 앞에서 동남아시아 최강의 대관식을 거행한 것이다. 베트남 기자가 "태어나서 처음 본다"고 할 정도로 열기가 대단했다. 1월부터 12월까지, 그야말로 드라마 같은 이야기가 펼쳐진 한 해였다.

황금기를 맞이한 베트남의 축구 열기는 한국 축구의 2002년을 떠올리게 한다. 2002년 한—일 월드컵은 개최국 한국에 기적 같은 대회였다. 2001년 사령탑으로 부임한 거스 히딩크 감독은 한국의 본선 첫 승리와 첫 16강 진출을 이끌었다. 그리고 강팀들을 나란히 격파하더니 4강 진출이라는 역사를 썼다. 당시 한국은 온통 축구 열기로 물들었다. 국민의 축제였다. 수많은 축구 팬이 응원을 위해 거리로 쏟아져 나왔고, 히딩크 감독은 영웅 대접을 받았다. 당시 수석코치를 맡았던 게 바로 박항서 감독이다.

박 감독의 '파파 리더십'이 베트남 국민들에게 주목받았다. 박 감독은 세대 차이가 나는 선수들에게 형님처럼 다가선다. 아시안게임 기자회견에서도 선수에게 직접 물을 건네고, 등을 다독이는 등 인자한 모습이 인상적이었다. 선수가 아플 때는 직접 의무실을 찾아가 마사지를 하기도 한다. 선수들은 이런 박 감독을 아버지처럼 따른다. 권위적인 리더십보다 부드러운 리더십이 각광받는 이 시대에 걸맞은 감독 역할을 수행했다.

한국에 대한 우호 감정도 폭발해 태극기를 들고 거리로 나선 베트남 청년들까지 나타났다. 우리 젊은이들 사이에서도 베트남에 대한 관심이 커지고 있다. 한 명의 축구감독이 베트남 역사의 한 장을 쓰고, 한국과 베트남의 우호관계에도 신기원을 이룩한 것이다. 거기에 박 감독의 인생역전 신화가 통쾌하고, 베트남 선수들의 분투가 감동을 준다. 최근 국내문제로 답답하던 국민들 속을 풀어준 유일한 이슈이기도 했다. 박항서 신드롬의 이유다.

+ + +

가을 야구로 비상하는 한화 이글스

프로야구 한화가 5연승에 이어 한 번 패하고 다시 4연승을 달리고 있다. 어제(6월 5일) 끝난 삼성 홈구장 대구 라이온스파크에서 3연전은 한화 팬들에게 큰 감동을 주었고 인상적인 경기를 펼쳤다. 김성근 감독이 "모든 선수들이 혼연일체 되어 높은 기량을 발휘하고 있다"고 말한 것처럼 요즘 한화 선수들이 대단한 응집력을 보여주고 있다.

그동안 선수들과 감독 그리고 한화 팬들은 얼마나 마음 졸이며 답답한 시간들을 보냈는가. 올해만큼은 꼴찌의 불명예를 벗을 거라는 희망이 부풀어 있었는데 막상 개막전 이후의 한화 성적은 너무 실망스러웠다. 팀의 승률이 2할도 안 될 정도로 형편없는 성적이었다. 물론 10개 구단 중에 순위가 최하위였다. 선수들은 의욕을 상실한 채 실책의 연발이었고 선발투수들도 3이닝을 채 넘기지 못하고 강판당하는 경우가 일쑤였다. 감독, 코치들도 경기 때마다 못마땅한 표정으로 선수들에게 무언의 질책을 하였고 한화 팀을 응원하는 팬들은 연민의 정을 느꼈다.

그러나 5월 중순에 접어들면서 반전의 기미가 서서히 보이기 시작했다. 그동안 겨울 동계훈련 때 팔꿈치 부상으로 등판하지 못했던 로저스가 복귀

했고 타율이 형편없이 떨어졌던 한화의 중심타자 김태균의 타격 감각이 살아나면서 팀이 활기를 찾게 되었다. 지난주 전반에 치렀던 대전 홈경기에서 SK 간판 투수 김광현까지 넘어서며 2008년 이후 8년 만에 5연승을 달성하기도 하였다. 다음 날 1패 후 다시 4연승을 달리고 있다. 최근 10경기에서 9승 1패로 엄청난 위력을 과시하고 있다.

지난주 삼성과 대구 원정경기에서 3연전은 어느 팀의 경기에서도 볼 수 없었던 드라마틱하고 감동적인 경기였다. 어느 스포츠 방송에서 지난주 명승부전에 세 경기 모두 1, 3, 4위에 선정하기도 하였다.

대구 원정경기 첫날은 연장 12회까지 가는 데 접전을 펼쳤다. 결국은 연장 12회 초 2사 후 결승점을 뽑아내 4:3으로 이겼다. 둘째 날은 삼성이 네 번의 만루찬스를 잡지 못하고 한화에게 1점 차로 패하고 말았다. 셋째 날도 한화는 4:4로 맞선 연장 10회 초 2사 1, 2루 때 터진 김태균의 2타점짜리 좌전 적시 2루타로 결승점을 뽑아 6:5로 이겼다. 로저스가 선발투수였지만 투구 도중 팔꿈치 통증으로 자진 강판했다. 5회 마운드에 오른 권혁이 2이닝을, 8회 마운드를 물려받은 정우람이 3이닝을 책임져 승리를 지켰다.

이번 삼성과 3연전은 새로운 발상의 전환이 득점력 폭발의 도환선이 됐다. 한화 이글스의 '4번 타자'로 이미지가 굳어졌던 김태균이 3번 타자로 변신했다. 김성근 감독이 새롭게 내놓은 비장의 카드다. 그런데 이 카드가 기대 이상의 폭발적인 시너지 효과를 불러일으켰다. 삼성과 3연전에서 김태균은 타율 4할6푼2리에 4타점 2득점을 기록했다. 로사리오 역시 3할7푼2리를 치며 5타점을 쓸어 담았다. 한화는 이 새로운 중심타선 조합을 앞세워 삼성과 3연전을 모두 승리로 장식할 수 있었다. 로사리오가 3, 4일에 결승타를 친 데 이어 5일에는 김태균이 연장 10회 초 2사 1, 2루에서 2타점 결승 2루타를 날렸다. 얼핏 보면 김태균과 로사리오의 단순한 타순 이동 같지만 사실 이 안에는 여러 가지 의미가 복합돼 있다. 우선 김성근 감독이 김태균을 3번으로 돌린 배경은 바로 장타력과 출루율을 겸비한 타자의 부재 때문이다.

3번 자리는 원래 팀 내에서 가장 다재다능한 타자의 몫이다. 장타력과 클러치(Clutch) 능력은 기본이고 때에 따라서는 자신이 직접 찬스를 만드는 역할도 해야 한다. 정확성과 출루율도 필요하다. 로사리오의 클러치 능력이 뒷받침된 덕분에 '3번 김태균' 카드는 완벽하게 성공할 수 있었다. 로사리오는 최근 7경기 연속 타점을 포함해 10경기에서 무려 14점을 쓸어 담았다. 그런 로사리오가 뒤에서 받쳐주기 때문에 김태균 역시 좀 더 편안한 상태에서 투수와 싸우며 장점을 극대화할 수 있던 것이다.

한화 김성근 감독은 "이번 3연전을 모두 한 점 차로 이겼다는 것에 큰 의미가 있다. 선수들이 힘이 붙었다는 것을 느낄 수 있다. 특히 모든 선수들이 제 역할을 해줬다. 3, 4번 타순 배치도 효과가 있었다."고 밝혔다.

시즌 경기가 끝나면 가을 야구로 접어들게 된다. 한국 시리즈의 승자가 되기 위해서 양보 없는 치열한 경기가 펼쳐진다. 한화가 아직은 꼴찌의 늪에서 헤어나지 못하고 있다. 지금의 분위기라면 다음 주쯤 탈꼴찌하고 유월 중에 가을 야구의 요건을 갖추는 5위권 진입도 무난하지 않을까 생각해본다. 아무튼 이런 분위기에서 맥이 끊기지 않고 계속 이어져 한화 팬들의 간절한 염원에 부응해주길 기원해본다.

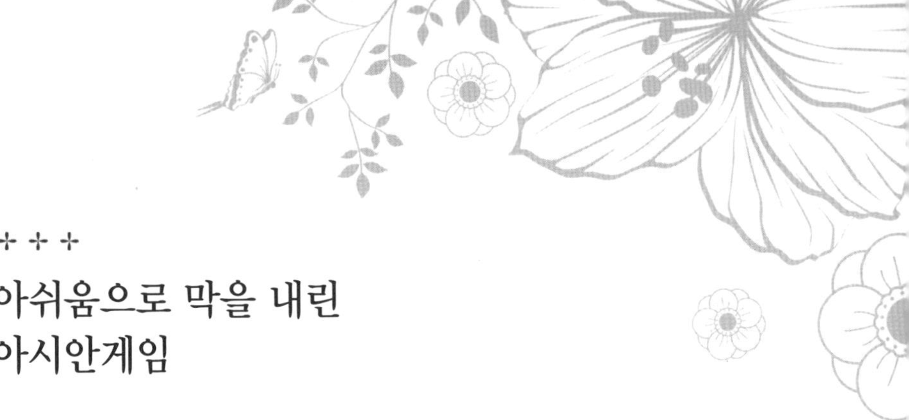

+ + +

아쉬움으로 막을 내린 아시안게임

대한민국이 아시안게임에서 아쉽게도 1위는 한 번도 하지 못하였으나 2위는 총 9회 하였고 1998년 방콕 아시안게임부터 2014년 인천 아시안게임까지 5회 연속 2위 자리를 지켜왔다. 2018 자카르타—팔렘방 아시안게임에서는 금메달 49개, 은메달 58개, 동메달 70개 종합 3위로 종합 2위 목표달성 실패는 말할 것도 없고 36년 만에 금메달 50개 미만으로 대회를 마쳤다.

각 종목에서 내걸었던 목표치에 전반적으로 도달하지 못했다. 제 역할을 해줘야 할 효자 종목들에서 부진이 이어진 것도 아쉬움으로 남는다. 올림픽과 아시안게임 등 국제대회에서 가장 안정적으로 한국의 금메달을 안겨줬던 종목 중 하나는 양궁이었다. 그러나 이번 대회에선 쓰라린 결과를 받아들여야 했다. 전체 8개 종목 석권을 노렸지만 그 절반 수준인 금메달 4개(은메달 3개, 동메달 1개)에 그쳤다.

태권도도 종주국으로서 자존심을 지키지 못했다. 이번 대회엔 품새 종목이 새로 추가됐는데 한국은 품새 4개 종목 전체 석권과 겨루기에서 6개 금메달을 추가한다는 목표였지만 절반인 5개의 금메달만을 얻었다.

사격의 부진도 뼈아팠다. '사격 황제' 진종오(KT)가 고도의 집중력과 평정심이 필수적인 사격에서 시작부터 흔들린 모습을 보이며 5위에 머물렀다. 2014년 인천 대회 때 무려 8개의 금메달을 수확했던 사격은 절반에도 미치지 못하는 금메달 3개만 챙기며 고개를 숙였다.

폐막식 전날인 9월 1일은 우리 국민들이 가장 큰 관심과 기대를 가졌던 빅게임 야구와 축구의 결승이 한·일전으로 한판 승부가 펼쳐졌다. 야구는 아시안게임 3회 연속 금메달을 수확했다. 선동열 감독이 이끄는 한국 야구 대표팀은 아시안게임 야구 결승전에서 일본을 3:0으로 꺾었다. 이로써 우리나라는 2010년 광저우 대회부터 이번 대회까지 야구 종목 3연패의 쾌거를 올렸다. 선발 투수로 나선 에이스 양현종(KIA)이 6이닝 1피안타로 호투했고 장필준(삼성)과 정우람(한화)이 각각 2이닝과 1이닝을 무실점으로 막아냈다. 타선에선 인치홍(KIA)이 1회 2타점 선제 결승타를 터트렸다. 박병호(두산)가 3회 쐐기 솔로포를 쏘아 올리며 4경기 연속 홈런을 기록했다.

야구 경기에 이어서 축구도 일본을 꺾고 아시안게임 남자 축구 2연패를 달성했다. 이승우(20, 헬라스 베로나)가 일본 축구를 또다시 울렸다. 4년 전 AFC 16세 이하 대회(U—16)에서 일본을 경악시켰던 드리블 쐐기골에 이어, 이번에는 아시안게임 결승전에서 연장 전반 3분 천금 같은 선제골을 터트리며 한국의 승리를 견인하였다. 후반에 교체 투입된 이승우는 왼쪽 측면을 파고들던 손흥민이 흘려준 패스를 페널티 박스 정면에서 왼발 논스톱 슈팅으로 연결했다. 이승우의 한 방은 한국이 승기를 잡을 수 있었던 결정적인 한 방이 됐다. 이후 한국은 연장전반 11분 황희찬(함부르크)의 추가골까지 더해 연장후반 1골을 만회한 일본을 2:1로 꺾고 대회 정상에 우뚝 섰다.

야구에서 일본과 대만이 사회인야구팀으로 구성된 데 반해 한국 대표팀은 프로선수들로 구성된 것에 금메달을 폄하하는 모양새다. 병역 면제를 위한 선수 발탁 문제도 국민들은 곱지 않은 시선을 보내고 있다. 축구 역시 일본은 2020년 도쿄 올림픽을 겨냥한 21세 이하의 선수들로 구성된 반면 우리 대표팀은 23세 이하로 와일드카드(23세 초과 선수)를 3명 기용하였다. 축구와 야구의 한 · 일전이 우리 측으로 기울어진 유리한 조건이 전제된 경기가 펼쳐진 것은 아쉬움으로 남는다. 하지만 선수들은 최선을 다해 숙명의 라이벌전을 승리로 이끌어 늦은 밤 시간까지 응원한 국민들에게 기쁨과 행복 그리고 영광으로 보답했다.

+ + +

충청인의 자존심 한화 이글스

긴 겨울잠에서 깨어난 앙상한 나뭇가지에 생기가 돌면서 꽃망울 터뜨릴 준비를 하고 있다. 성급한 개나리는 벌써 노란 꽃잎파리를 만개시켰다는 소식이 전해지고 있다.

지난해 늦은 가을까지 열전을 펼쳤던 KBO 프로야구가 긴 동면을 지나 이제 3월이면 기지개를 펴고 시범 경기에 돌입한다. 시범 경기는 탐색전으로 그동안의 전지훈련에서 닦은 기량을 선보이게 된다.

야구팬들에게는 학수고대했던 시즌을 맞게 되는 것이다. 시범 경기는 선수들이 충분한 기량을 발휘하지는 않지만 4월부터 펼쳐질 KBO 프로야구 열전의 가늠쇠가 된다.

충청도에 연고를 둔 한화 이글스는 몇 년 동안 성적이 좋지 않았다. 꼴찌 근처 하위권을 벗어나지 못하고 있었다. 해마다 감독을 교체하고 국내 타 구단 아니면 외국에서 기량이 뛰어난 유명 선수를 영입하지만 하위권 불명예를 벗어나지 못하고 있는 것이다.

한화 이글스는 한용덕 감독을 사령탑으로 새롭게 진용을 짰다. 한 감독은 두산에서 수석코치로 있다가 한화 감독으로 이적하였다. 한화에서 선수생활도 했지만 한화 팬들에게 좋은 인상을 주는 것은 2012 시즌 8월 한대화 감독이 중도퇴진하면서 공석이 된 자리를 대행 체제로 무난히 소화한 바 있다. 당시 한 감독 대행은 잔여 28경기가 남아 있던 상황에서 14승 1무 13패라는 준수한 성적으로 시즌을 마무리했다.

그는 한화를 떠나 있던 시간 동안 막강한 팀에서 예비 감독으로 귀중한 경험을 쌓았다. 마침내 한화 지휘봉을 잡게 된 한용덕 감독의 향후 행보에 이목이 집중되고 있다. 5년 세월을 넘어 고향 팀으로 복귀한 한용덕 감독의 어깨 역시 무거울 수밖에 없을 것 같다.

한화는 2013 시즌 이후 과거 명성이 화려했던 노장 김응용—김성근 감독을 연달아 선임했었다. 하지만 이들은 과거 성공을 거뒀던 자신들의 방식을 고집하다 달라진 KBO리그 상황에 적응하지 못했다. 젊은 선수들을 중심으로 새롭게 판을 짜야 했던 한화의 상황과 두 노장 감독은 애초 어울리지 않는 조합이었다.

류현진이라는 거물 에이스가 등장한 2000년대 중후반만 해도 한화는 구대성, 송진우, 정민철 등 전설적인 투수들을 앞세워 포스트시즌에도 진출하던 팀이었다. 하지만 노장 선수들에게 지나치게 의존하며 대체 선수들을 육성하지 못한 후유증으로 2009년 이후 하위권으로 추락했다.

한화 이글스는 외국인 선수 전원을 물갈이하며 2018 시즌을 맞이했다. 거듭된 부상으로 재계약에 실패한 외국인 투수 오간도, 비야누에바의 빈자리는 크지 않아 보인다. 문제는 외국인 거포 로사리오의 공백이다. 2016 시즌부터 2시즌 동안 한화에 몸담았던 그는 합계 70홈런 231타점의 괴력을 과시했다. 2017 시즌 종료 뒤 로사리오는 일본 프로야구 한신 타이거즈로 이적했다.

로사리오의 빈자리를 채우기 위해서 새로운 외국인 타자 호잉을 영입

했다. 로사리오와 같은 거포 유형은 아니다. 메이저리그 통산 74경기에서 118타수 26안타 1홈런 타율 0.220로 강렬한 인상을 주지는 못한다. 그러나 한화에 입단한 호잉은 며칠간의 경기를 통해서 '호타준족'형 활약으로 좋은 타격 능력과 빠른 발을 선보이고 있다. 호잉은 넥센과의 두 경기, NC와 세 경기에서 눈부신 활약을 했다. 기대 이상의 안타 행진으로 한용덕 감독은 물론 한화 팬들을 설레게 하였다.

지난 28일 NC와의 경기에서 금년도 신인으로 선발된 고교 출신 박주홍 투수의 구원투구 내용도 퍽 인상적이었다. NC의 중심 타선인 베테랑 최준석과 나성범을 연속 삼진으로 물러나게 했다. 언론에서는 제2의 류현진이라고 호평하고 있다.

기존의 타자와 투수들도 지난해와는 다른 월등하게 향상된 기량을 보여주고 있다. 한화 이글스를 사랑하고 응원했던 팬들은 한화 이글스의 상위권 진출을 간절히 염원하고 있다. 그리고 한화 이글스의 프로야구 시즌 성적은 충청도의 자존심이라고 생각하고 있다. 그동안 십여 년의 세월은 한화 팬들에게 부끄러운 자존심이었다. 2018년도 프로야구 시즌은 한화 이글스가 상위권에 진입하여 가을 야구를 응원하는 팬들의 모습을 볼 수 있길 기대한다.

+ + +

지구촌의 축제
리우 올림픽

지구촌의 축제 리우 올림픽이 지난주 월요일 17일간 대장정의 막을 내렸다. 기록적인 폭염과 열대야로 잠 못 이루는 밤에 지구의 반대편 브라질 리우데자네이루에서 전해지는 대한민국 선수들의 승전보는 청량제와 같았다.

우리는 이번 대회에서 금메달 9개, 은 3개, 동 9개로 모두 21개의 메달을 따내며 8위의 성적으로 대회를 마쳤다. 금메달보다 값진 동메달을 딴 선수가 있었는가 하면 국민들의 간절한 염원에 부응하지 못한 축구와 배구는 못내 아쉬움으로 접어야 했다.

골프의 여왕 박인비는 1900년 파리 올림픽 이후 116년 만에 부활한 여자 골프에서 값진 금메달을 목에 걸었다. '2016 리우 올림픽' 여자 골프 최종 4라운드서 최종합계 16언더파 268타로 우승의 영광을 차지하였다. 박인비 선수는 지난해 브리티시오픈에서 우승해 아시아 선수론 처음 '커리어 그랜드 슬램'(4대 메이저대회 제패)을 이뤘다. 이번 올림픽 우승으로 전 세계 남녀 선수 중 최초로 '커리어 골든 슬램'을 달성한 선수가 됐다. 사실 올림픽 직전까지만 해도 박 선수가 이런 성과를 내리라고 기대하긴 쉽지 않았다.

그는 왼손 엄지 부상으로 최악의 한 해를 보냈다. 세계대회는 물론 국내대회에서조차 컷오프(예선 탈락)를 당했다. 올림픽 출전이 결정되자 "차라리 다른 선수에게 기회를 주는 게 낫다"는 비판이 나오기도 했다. 그럼에도 그는 최선을 다해 경기에 임했고 최상의 결과를 일궈냈다. 박인비 선수는 시상식이 끝난 뒤 "몸에 남은 에너지가 하나도 없는 기분"이라고 했다.

남자 펜싱의 박상영 선수는 결승전에서 10 대 14로 뒤진 상황에서 '할 수 있다'는 혼잣말을 되뇌며 막판에 5점을 따내 극적인 역전승을 거뒀다. 태권도 간판스타 이대훈 선수는 8강 대결에서 졌을 때 "더 나은 사람이 되기 위한 경험을 했다"며 담담히 패배를 인정했고 패자부활전을 거쳐 동메달을 땄을 때는 "금메달만큼 값진 동메달을 가져갈 수 있어 기쁘다"고 자부했다. 석연찮은 판정으로 금메달 도전에 실패한 레슬링의 김현우 선수가 팔이 빠진 상태에서 패자부활전을 거쳐 동메달을 따내 감동적인 근성을 보여줬다. 37세의 나이로 사격에서 3연패를 달성한 진종오 선수는 "은퇴하라는 건 내가 가장 사랑하는 사격을 빼앗는 것"이라며 4년 후 도쿄올림픽에서 4연패 도전을 다짐했다.

대한민국이 금메달 10개를 채우지 못한 것은 2004년 아테네 대회 이후 12년 만에 처음이다. 총 메달 수도 1988년 서울 올림픽 이후 최저다. 그러나 선수들은 메달을 따고 못 따고 승부와 상관없이 자신의 한계를 극복하는 데 진정한 올림피안의 모습을 보여줬다.

손연재 선수는 리듬체조 개인종합에서 4위에 그쳐 메달 획득에는 실패했다. 하지만 "내게 점수를 준다면 100점을 주고 싶다"는 신세대다운 발랄함으로 메달 콤플렉스를 멀리 던져버렸다. 많은 국민들도 최선을 다한 손연재 선수에게 아낌없는 박수를 보냈다. 탁구의 최강 중국을 상대로 계란으로 바위를 치는 듯한 경기를 하면서도 악착같이 달라붙어 중국 선수들의 간담을 서늘하게 했던 정연식 선수는 비록 졌지만 패배의 격이 다른 뭉클함을 보여줬다.

일본이 육상, 수영, 체조 등 기초 종목에서 괄목할 만한 성과를 낸 반면 우리나라는 예선 통과도 못하는 부진함을 보인 것은 앞으로 극복해야 할 아쉬운 과제다. 황영조, 이봉주 같은 인재를 육성했던 한국 마라톤 성공 모델은 더 이상 작동하지 않았다. 많은 메달이 걸린 수영, 육상 등 기초 종목에서 메달을 하나도 따지 못했다. 일본이 따낸 총 메달(41개)은 한국의 두 배에 가깝다. 전체 메달의 3분의 1 정도가 걸린 육상, 수영, 체조 등 기초 종목에서 금 4개, 은 3개, 동 7개를 수확했다. 육상 400m 계주에서는 미국을 제치고 은메달을 땄고 아시아인의 한계로 여겨졌던 카누, 테니스에서도 메달을 획득했다. 집중 육성한 실내 스포츠 탁구, 배드민턴은 눈부신 성과를 거뒀다. 일본은 2004년 아테네 대회 이후 처음으로 종합 순위에서 한국을 앞섰다.

'일본을 이겨야 한다'는 반일 감정과 겹쳐 있는 승부욕은 지정학적으로 얽혀 있는 역사와 무관하지 않다. 물론 지금도 유효한 우리 국민의 한결같은 마음이다. 4년 후 일본 도쿄에서 제32회 올림픽이 열린다. 앞으로 준비를 철저히 해서 잃었던 영광을 되찾아야 한다는 것이 온 국민의 염원이다.

+ + +

입장권 매진된 시범 경기

프로야구 시즌이 돌아왔다. 지금은 개막전에 앞서 시범 경기가 펼쳐지고 있다. 지난 주말에 대전 구장에서 홈팀 한화와 LG의 첫 시범 경기가 있었다. 시범 경기인데도 입장권이 매진될 정도로 야구팬들이 몰려들었다. 그동안 한화 이글스는 야구팬들의 성원에 어떤 보답을 했는가 생각해본다.

야구는 한 편의 드라마와 같다. 선수들의 기량과 감독의 역량도 작용하지만 당일 컨디션과 운(運)도 많이 따르는 것 같다. 야구방망이는 둥글다. 투수가 던지는 공을 맞추기 위해 타자가 휘두르는 방망이의 어디를 맞느냐에 따라 뜬공 아니면 땅볼이 되기도 하고, 홈런과 안타가 되기도 한다. 그런가 하면 투수의 기교에 속아 헛스윙을 해서 관전하는 팬들의 한숨이 깊어지게 하기도 한다.

그동안 충청도에 연고를 둔 한화 이글스의 성적은 말하기 부끄러울 정도였다. 꼴찌를 몇 년째 이어서 하고 있다. 해마다 감독을 교체하고 유명 선수를 영입하지만 최하위 불명예를 벗지 못하고 있다.

부산 롯데 자이언츠는 작년에 플레이오프에 진출을 못 해서 팬들의 실망이 대단했다. 선수들의 관리를 잘못하고 있는 구단 측에 대한 팬들의 항의가 빗발쳤다. 부산 시민들은 롯데 자이언츠를 부산 자이언츠로 팀명을 바꿔야 한다면서 시민단체에서 롯데 야구팀을 인수하여 시민구단으로 만들자는 움직임도 있었다. 역시 경상도 기질이라고 할까 화끈한 면을 보여주고 있다. 이런 모습을 보면서 충청도 야구팬들은 뭐하고 있는지 모르겠다는 생각이 든다. 한화는 몇 년 동안 하위권 정도가 아니라, 9개 구단 중 꼴찌의 늪에서 헤어나지 못하고 있는데도 구단 측에 제대로 항변하는 야구팬들이 없는 것 같다. 충청도 양반의 기질인지 아니면 멍청도의 본색인지 모르겠다.

2015년도 시즌을 대비해서 한화 구단은 감독을 교체하고 예년에 비해 유명 선수를 많이 영입하면서 언론의 주목을 받고 있다. 한화 이글스를 이끌어 갈 김성근 감독은 이기는 야구를 추구한다. 김 감독은 "리더는 지나간 다음에 존경받는 자리에 서는 것이다. 존경보다 중요한 건 신뢰이며 결과 없는 리더는 쓸모없는 사람"이라고 주장하는 투철한 성과주의자다. 야신(野神—야구의 신)이라 불리는 김 감독은 스타 선수라도 가차 없이 교체하는 냉혹한 승부사이기도 하다. 수비 훈련을 위해 감독이 직접 배트로 공 500개 정도를 쳐주는 등 지옥훈련이라 명명되는 혹독한 훈련으로 선수들을 조련시키는 것으로 유명하다. 구단 운영 전권을 휘두르는 강력한 카리스마, 독재로까지 비치는 70대 노감독의 리더십에 야구팬들은 절대적 지지를 보내고 있다.

감독 교체에 이어 한화에 취약한 마운드를 보강하기 위해서 5명의 투수를 영입하였다. 김 감독이 SK에서 김광현과 함께 '핵심전력'으로 키웠던 송은범 투수, 베테랑 투수로 알려진 권혁과 배영수, 한국 무대에 잘 적응한 외국인 선수로 평가받는 쉐인 유먼, 미치 탈보드 투수의 영입은 한화 마운드를 굳건하게 지키는 데 기대감을 주고 있다.

그동안 한화 팬들의 사랑을 받아왔던 피에와 재계약에 실패한 것은 아쉬움으로 남는다. 구단에서는 강력하게 재계약 의사를 표했지만 계약금과 연봉 조정에 접점을 찾지 못한 것이다.

각 구단에서 에이스급 선수들을 대거 영입하면서 한화의 전력은 그 어느 때보다 막강해졌다는 것이 언론의 평이다. 월등하게 향상된 한화 이글스의 전력은 며칠 동안의 시범 경기에서 드러나고 있다. 시범 경기인데도 입장권이 매진되는 만원사례는 한화 팬들의 큰 기대감을 표출하는 것이라 할 수 있다.

나는 3월 28일에 서울 목동 경기장에서 개최되는 한화와 넥센의 개막전을 관람하기 위해 자식들에게 문자를 보냈다. "프로야구 한화 개막전이 3월 28일(토)에 목동 경기장에서 개최되는데 관전을 희망하면 연락 주기 바란다. 입장권 예매는 아빠가 하겠다. 개막전이 지난해 준우승 팀으로 벅찬 상대이긴 하지만 시범 경기에서 한화가 좋은 모습을 보이는 것 같아 우리가 응원전에 합세한다면 예상외의 좋은 결과가 있지 않을까 생각한다. 가능하면 많은 가족이 동참하길 바란다." 아빠가 야구를 좋아해서인지 5남매 아들딸들은 물론 사위들까지 야구광이라 할 정도이다. 다섯 가족 모두 동참한다는 연락을 받았다. 손자 손녀까지 모두 20여 명이다. 입장권 구매에 적잖은 출혈을 감수해야 하지만 한화 이글스의 선전으로 보답해주리라 믿는다.

3부

백년지대계
(百年之大計)

+ + +

학력진단평가에 대한 소견

며칠 전에 교장실에서 부장회의를 가졌다. 평가업무를 맡은 선생님이 국가시행 진단평가를 대비해서 학생들에게 문제집을 풀도록 하자고 제안하였다. 지금 다른 학교에서는 성적을 올리기 위해서 오래전부터 문제집을 풀도록 권장하고 있다는 것이다. 좀 걱정되기는 했지만 동의하지 않았다.

진단평가란 학년 초에 학생들의 학력실태를 정확히 파악하여 개인이나 학습 집단의 학력에 맞는 학습지도가 이루어질 수 있는 소위 맞춤식 학습지도를 위한 평가라고 정의할 수 있다. 마치 병원에서 환자의 진찰을 정확히 해서 처방을 해야 병이 빨리 나을 수 있는 것과 같은 이치인 것이다.

옛날 80년대 국가에서 일제고사를 시행하여 학생들의 학력이 상대적으로 낮을 경우 학교장은 물론 교사들에게 인사상 불이익을 주는 등 책임을 물었었다. 평가결과로 학교를 서열화하고 학생은 물론 학생을 가르친 교사까지 서열화 대상이었다. 이와 같이 교육적인 평가 취지에 맞지 않게 평가결과를 해석하고 활용한다면 일부 교직단체와 학부모, 학생들의 부정적인 생각에 동조하지 않을 수 없다.

서두에서 언급했던 평가담당 교사의 건의도 다분히 위와 같은 부정적인 생각에서 학교장에게 건의했던 것 같다. 국가적인 차원에서 막대한 예산 즉 국민의 혈세를 투입하여 학교라는 제도 안에서 국민들의 자녀를 맡아 교육이 이루어지고 있는데 평가결과 학력이 기대치에 미치지 못할 때 책임을 묻고 응분의 조치를 취한다는 것이 일견 당연하다는 생각이다.

하지만 교육적인 취지에서 평가의 목적에 부합하는 진단평가는 그런 의미가 아니라는 생각이다. 교육 현장에서는 진단평가결과에 의해서 학생들의 학력실태를 파악하고 학습지도 계획을 세우고 실천함은 물론 국가적인 차원에서도 학력 향상에 대한 대책을 수립하여 지원을 아끼지 말아야 할 것이다.

이번 국가시행 진단평가에서도 일부 교원단체 소속 교사들이 평가의 부당성을 주장하며 시험을 거부하고 학생들을 데리고 현장학습을 실시했다는 것이다. 정부에서는 이들의 위법적인 집단행동을 좌시하지 않겠다는 언론 보도를 보면서 안타까운 생각이 들었다.

미국은 우리나라에 비하여 훨씬 잘사는 선진국이고 제도적인 면에서 우리가 본받아야 할 점이 많다는 생각인데 얼마 전 미국 대통령이 한국의 교육제도를 본받아야 한다는 기사 내용을 본 일이 있다. 물론 학력과 관련한 각종 국제경시대회에서 우리 학생들이 우수한 성적을 과시하면서 우리나라의 교육제도가 긍정적인 면으로 그들에게 부각됐다는 생각을 해본다.

학력이 후퇴해서는 안 된다. 학력은 국가 경쟁력이라고 할 수 있다. 어떤 의미에서는 국가적인 차원에서 학생들의 학력을 관리하는 것이 당연함으로 받아들여져야 한다는 생각이다. 교육 현장에서는 국가시행 진단평가를 교육적 측면에서 순수하게 받아들여 평가결과를 바탕으로 학력신장에 진력해야 할 것이다. 학생들의 학력 향상 지도계획을 수립해서 맞춤형 지도가 이루어지고 학생, 학부모가 모두 만족하는 교육의 장을 만들기 위해 노력해야 한다는 생각이다.

+ + +

학생들의 방학 생활 그리고 선생님들

학교에서는 방학 기간을 학교 교육의 영역에서 벗어나 학생들이 자율적으로 생활하는 기간이지만 교육의 틀에서 배제하고 방치할 수 없는 것이다. 선생님들은 학생 개인 학력을 고려한 개별화 과제를 제시하고 자율적인 학습력 향상에 노력할 수 있도록 하고 있다.

방학의 대상은 학생들이다. 방학의 주인공은 선생님이나 학부모가 아닌 학생들이다. 방학 기간 학생들은 학교의 제도적인 틀에서 벗어나 가정으로 돌아왔다. 교육활동이 가정에서 이루어지기 때문에 자녀들의 학습지도에 대한 학부모의 책임이 막중하다. 방학 기간은 가정에서 학부모가 선생님의 역할을 대신해야 한다.

요즘 학생들의 방학 생활이 시작되면서 학교에서 학생들의 교육활동을 맡아왔던 선생님들에 대한 사회적 관심이 높아지고 있다. 옛날 학부모들의 인식은 학기 중에 학생들 가르치느라 고생했기에 당연히 쉬는 기간으로 여겼다. 방학 기간에 담임선생님을 초대하여 식사 대접하면서 고마움을 표하기도 했다. 세상이 바뀌고 교육환경이 바뀌면서 선생님들의 방학 생활에 대한 주위 사람들의 관심이 옛날과 같지 않다. 많은 사람이 선생님들에 대한 비판적이고 편협한 시각을 갖고 있다.

선생님들의 방학은 '무노동으로 월급 받는 적폐의 대상'이라고 한다. 선생님들이 방학 기간을 이용해 여가를 즐기면서 월급 받는 것은 부당하다는 것이다. 청와대 국민청원 게시판에 '교육공무원 〈41조 연수〉 폐지를 청원합니다'라는 제목의 청원문이 올랐다. 교육공무원법 41조 자가연수는 다음 학기 수업 준비를 위해 학습 준비물을 제작하거나 프로그램을 개발하거나 또는 업무와 관련하여 자기 발전을 위해 가정에서 수행하는 개인 연수를 의미한다. 청원자의 주장은 '방학 기간에 선생님들은 집 청소나 밀린 집 정리, 여행, 피부과나 미용실 예약 등 개인적인 일을 하고 있다. 그러면서 월급은 꼬박꼬박, 아니 월급뿐 아니라 상여금까지 받아간다'고 주장한다.

이에 항변하는 한 교사의 청원도 있다. "방학을 없애고 근로자로서의 권리를 보장받고 싶다"고 토로하며 "교사의 근무 시간이 부당하다면 점심시간부터 1시간 자유롭게 먹을 수 있게 하고, 방학 기간 월급을 받지 않는 대신 방학 중 학생들에 대한 일체의 책임을 지우지 말고 학기 중에도 연가를 사용할 수 있게 해달라"고 요청하고 있다. 교사라고 밝힌 다른 청원자는 "교직과 일반직의 괴리감을 일으키고 대중들로부터 비난받는 방학은 우리들도 원하지 않는다. 떨어지는 교권을 체감하는 일도 견디기 힘든데, 교육현장에서 근무하는 교사들이 더 이상 억울한 오해를 사지 않고 싶다."라며 "차라리 방학을 폐지해달라"고 강변하고 있다.

과거에도 교사들의 방학을 둘러싼 논란은 적지 않았지만, 최근 학교 비정규직 문제나 주 52시간제 등 노동환경의 개선이 사회적 화두가 되면서 상대적으로 안정적이라 평가받는 교직에 대한 불신과 불만이 커졌다고 할 수 있다.

사실 교육 현장에서 새 학기를 준비하려는 선생님들의 움직임은 학기 중보다 방학 때가 더 분주하다. 학기 중 연 · 월차 휴가를 쓸 수 없는 교사들에게 방학을 재충전하는 시간임과 동시에 다양한 연수와 오프라인 학습공동체를 통해 다음 학기를 준비하는 기회로 삼고 있기 때문이다. 실제 방학 중 각 시 · 도 교육연수원에서는 다양한 온 · 오프라인 직무연수가 진행되며, 상당수 교사들은 방학 기간 동안 연수를 이수하고 양질의 교육을 제공하기 위해 노력하고 있다.

선생님들의 교육에 대한 열정을 외면한 채 교직을 바라보는 세상 사람들의 눈이 이렇게 편협하다면 선생님들도 상당한 문제의식을 갖고 책임감을 느껴야 한다. 급변하는 정보화시대에 학교라는 울타리 안에서만 자신의 관념을 키우지 말고 학부모 그리고 이웃들과 교육문제는 물론 사회문제까지도 공유하고 이해하면서 살아가야 한다. 주위 사람들에게 이기주의적인 거리감과 이질감을 갖도록 하면 안 된다. 이웃과 벽을 쌓으면 쌓을수록 운신의 폭이 좁아지겠고 감내하기 어려운 역경도 경험하게 될 것이다.

우연한 장소에서 정년퇴임한 교직 선배를 만났을 때 예를 갖추어 반갑게 인사하는 인간적인 모습도 보였으면 좋겠다. 그런 모습에서 선생님들의 고고한 울타리 벽이 무너지고 사람 사는 세상의 일원이 될 수 있을 것이다.

+ + +

부끄러운 교육의 자화상

관규(官規)가 극도로 문란해서 매관매직이 성행하는 것을 풍자한 설화 중에 구동지(狗同知)라는 이야기가 있다. 어느 시골의 돈 많은 과부 한 사람이 집에서 개를 한 마리 길렀는데 개 이름을 석지(錫之)라고 불렀다. 그런데 어느 관원이 석지를 과부의 아들 이름인 줄 알고 공명첩(空名帖, 실무는 보지 않고 명목상으로만 벼슬을 주는 임명장)을 발급하여 동지(同知)라는 벼슬을 주고 과부에게 금품을 강요하였다.

과부는 이에 탄식하며 말하기를 “비록 개지만 벼슬을 하였으니 어찌 소홀히 대할 수 있겠느냐”하고 개에게 망건, 탕건, 갓 등을 씌우니 세상 사람들은 벼슬 이름 동지를 따서 개를 ‘구동지’라고 불렀다는 이야기가 전해지고 있다. 매관매직이 사회적 병폐인 것은 옛날이나 지금이나 다름없는 것 같다.

가슴 벅찬 설렘으로 숨죽이며 지켜봤던 밴쿠버 동계올림픽에서 우리 젊은 건아들의 선전하는 모습은 대한민국을 자랑스럽게 하였고 온 국민을 환호와 행복의 도가니에 빠지게 하였다.

밴쿠버의 낭보와 함께 언론의 헤드라인을 장식했던 안타까운 소식은 교육계의 비리로 인한 대통령의 교육개혁 선언이었다. 교육제도와 교육환경의 개선을 통한 공교육의 질적 향상을 꾀하고자 하는 교육개혁이 아니고 교육 현장에 만연해 있는 각종 비리 척결을 통하여 교육을 개혁한다는 것이 대통령의 선언이었다. 대통령의 교육비리 척결 의지에 검찰이 전면전에 돌입하였고 법무장관은 교육계의 각종 관행적 비리를 엄정하게 수사하라고 지시하였다.

교육비리 척결에 단초를 제공한 것은 인사 청탁의 뇌물과 관련한 서울시교육청 장학사의 '하이힐 폭행 사건'이었다. 언론보도에 의하면 서울시교육청 인사 담당 장학사와 동료 여자 장학사가 밤늦은 시간에 술집에서 싸우다가 대로에 나와 하이힐을 벗어 폭행한 사건이 발단이 된 것이다. 이들은 이 사건으로 경찰에 끌려갔고 경찰에서 화가 덜 풀린 여자 장학사의 인사 관련 금품수수 비리를 폭로하면서 사건은 걷잡을 수 없이 확산되었던 것이다.

비리 내용은 장학사 시험 합격을 미끼로 인사 담당 장학사가 응시한 교원들에게 수천만 원씩의 뇌물을 받았다는 것이다. 이 사건으로 인해 상납의 연결고리가 밝혀졌고 공정택 전 교육감의 출국 금지조치를 취하는 등 수사가 확대되고 있다.

서울시교육청의 교육비리 현장을 보면서 매관매직, 금품수수 등의 비리에도 지켜야 할 원칙이 있어야 함을 깨닫게 된다. 걷잡을 수 없는 사건 확산의 단서는 금품거래의 계약위반으로 생긴 보복성 기밀누설이었다.

매관매직의 거래원칙에 익숙하지 않은 고위직 나리님들께서 환원해야 할 돈을 움켜쥐고 있어 화를 자초한 것이다. 그리고 이들에게 외면당한 청빈한 교원의 인사 청탁도 긍정적인 약속이었으면 결과에 대한 변명이 있어야 했다.

서울시교육청의 교육 비리 사건을 접하면서 금품수수와 관련한 인사 청탁 비리가 교육 현장에 만연한 듯한 것이 언론의 시각이어서 부끄러운 교육의 자화상을 보는 것 같다.

인사는 만사라고 했다. 적재적소에 필요한 사람을 등용하여 쓴다는 말이다. 교육의 효율성을 높이는 클린 인사행정이 정의사회를 구현하는 길이고 이를 교육계에서 선도적인 모범을 보여야 한다.

+ + +

무너진 사제 간의 위계

외손녀가 어린이집을 다니기 시작한 지 한 달이 지났다. 엄마 품에서 응석부리며 지내다가 처음으로 또래끼리 집단생활을 시작한 것이다. 가끔 엄마와 같이 외갓집에 오면 어린이집 다니기 전의 모습과 많이 달라졌다는 것을 느낄 수 있다. 천방지축(天方地軸)으로 주위산만하게 뛰어다니며 말썽부리던 애가 행동이 조심스러워졌고 거칠었던 말씨도 순화되어가고 있는 것 같다. 교육을 통해서 사람다운 모습으로 성장하고 사회생활에 적응해가는 과정이라 생각한다.

지난 주말에 딸이 다녀갔다. 외손녀 표정이 어둡고 입술이 부르터 있었다. 네 살배기 철부지가 어린이집 다니면서 어떤 어려움이 있기에 이런 증세가 있을까 생각해봤다. 선생님들이 감당하기 어려운 과제로 인한 심적 어려움일까? 또래들끼리 어울리지 못하고 따돌림을 당하는 건가? 아니면 짝꿍이 선생님 눈을 피해 괴롭히는 것인가? 기우(杞憂)이겠지만 이런저런 생각을 하면서 초 · 중 · 고 학생을 자녀로 둔 학부모들의 마음을 헤아려 봤다. 그중에 학교폭력 피해 학생의 학부모 마음은 어떨까 생각해봤다.

며칠 전에 경북 경산에서 학교폭력에 시달리던 고교 1학년 최 모 군이 투신자살했다. 최 군은 유서에서 학교에 설치된 CCTV의 성능과 역할에 대해서 썼고 중학교 때부터 친구들한테 물리적 폭력, 금품 갈취, 언어폭력을 당했다고 밝혔다. 가해자 이름까지 유서 내용에 쓴 것이다. 어떤 중학교 교사는 "최 군이 교사를 통해 문제를 해결할 생각조차 안 했다는 것은 비극이지만 요즘 상황을 보면 당연하다"고 했다. 학교현장에서는 친구들한테 폭력을 당하는 학생들이 교사를 찾는 일이 거의 없다는 것이다. 교사들도 문제 학생을 건드리지 말자는 것이 공통된 인식이라고 한다. 학교폭력의 주동적인 학생을 잘못 건드리면 학교에서 학생들 간에 '병신교사'로 낙인 찍혀서 현장을 목격해도 못 본 척 넘긴다고 한다. 학교폭력 예방을 위해서 학생 개인상담이 효과적이지만 상담을 자주하면 동료 교사들에게 '유난 떨지 말라'는 힐난(詰難)을 듣는다고 한다. 교장, 교감들도 폭력사건이 있을 경우 징계위원회에 상정하는 것을 꺼린다고 한다. 대외적으로 노출시키지 않기 위해서다. 이 같은 교육 현장 분위기에서 학교 생활지도에 교육자의 사명감은 물론 학생들을 선도해야 하는 책임감을 기대하기 어렵겠다는 생각이 든다. 선생님들은 생활지도에 손을 떼고 방관할 수밖에 없는 지경에 이른 것이 지금의 교육 현장이라고 말한다.

필자는 40여 년의 교직을 마감하고 지난해 8월 말에 정년퇴직하였다. 교직에 있으면서 학교장을 역임할 때에는 매주 월요일에 있는 학생 조회를 단 한 번도 거른 적이 없다. 학교장 재임 동안 한결같이 지켜왔다. 학생 조회 시간에 학교장 훈화를 준비하기 위해서 며칠 전부터 고심하곤 했었다. 생활지도 영역에서 학교폭력과 관련된 인성문제, 교우관계 등은 물론 학교 교육과정 운영과 연관된 시사적인 것들을 고려해서 훈화를 준비하곤 했었다. 학교장의 훈화는 학생들을 대상으로 하는 것이지만 선생님들이 학습지도, 생활지도를 철저히 하라는 속내를 비치기도 하였다. 그렇게 고집스럽게 했던 훈화를 통해서 학생들에게 어떤 교육성과를 거두었는지 언급하지는 않겠다.

교육 현장에 있으면서 필자는 학교에서 발생하는 제 문제는 학생 교육활동을 주도하는 교원들이 책임을 져야 한다는 철학을 갖고 있었다. 학생의 가정적인 환경이나 개인 인성문제로 책임을 전가해서는 안 된다고 생각했다. 학생들이 가정에서의 문제가 있을 때 학부모가 책임지듯 학교에서의 문제는 선생님들에게 책임이 있음을 강조했다. 아무리 교육 현장에서 사제간의 위계가 무너졌다 해도 문제학생 지도를 포기하고 방관하는 것은 있을 수 없는 일이다. 선생님들이 암울한 교육현실을 외면해서는 안 된다. 시대적 소명의식을 갖고 문란해진 교육 현장을 바로 세워야 할 책임은 선생님한테 있는 것이다.

+ + +

이념 전쟁으로 비화되는 한국사 국정화

정부는 10월 12일 중 · 고교 한국사 교과서의 국정화 방침을 발표하고 11월 3일 확정고시 했다. 내년 11월 말까지 집필을 끝내고 2017년 3월부터 이른바 '올바른 한국사 교과서'를 보급하겠다는 계획이다.

이에 따라 2003년 민간 출판사 간의 경쟁을 통해 교과서 질을 높이고, 학생들에게 다양한 관점으로 균형 잡힌 역사관을 심어주자는 취지로 도입됐던 검정 체제는 12년 만에 사라지게 됐다. 교육부는 "역사 교과서 국정화를 통해서 객관적 사실에 입각하고 헌법적 가치에 충실하면서 젊은 세대들에게 올바른 국가관과 균형 잡힌 역사 인식을 심어주고 자랑스런 우리 역사에 대한 올바른 방향을 정립하겠다"고 한다.

민간 출판사가 발행해온 현행 8종의 역사 교과서는 당초 취지와 달리 숱한 오류 · 편향성 논란과 그에 따른 사회적 혼란을 야기해왔다. 대한민국의 정부수립 관련 기술에서 대한민국은 국가가 아니라 정부 단체가 조직된 것처럼 의미를 축소한 반면, 북한은 국가수립으로 의미를 부여해 정통성이 있는 것처럼 왜곡 전달하고 있다. 6 · 25 전쟁과 관련해서는 너무도 분명한 전쟁의 책임마저 북한의 잘못이 아닐 수도 있다는 그릇된 생각을 갖게 하고 있다. 46명의 해군 장병의 목숨을 앗아간 천안함 폭침 도발 사건에 대해서는 일부에서 미국의 소행으로 왜곡하거나 암초에 부딪혀 좌초된 우발적 사고라는 주장에 동조라도 하듯 기술하지 않고 있다. 이 같은 사실과 관련한 정부의 수정 권고와 명령이 통하지 않았다. 심지어 교학사에서 출판한 역사 교과서가 보수 성향의 시각을 담았다고 좌편향 단체들과 일부 교육청이 '마녀사냥'식으로 교학사 교과서를 공격하면서 결국 어느 학교도 이 책을 채택하지 못하게 되는 사태를 지켜보기도 했다. 교육부 장관은 이 같은 실태를 좌시할 수 없음을 인식하고 역사 교과서의 국정화는 "정부가 직접 역사적 사실에 대한 오류를 바로잡고, 역사 교과서의 이념적 편향성으로 인한 사회적 논쟁을 종식하고자 하는 불가피한 선택"이라고 밝혔다.

예상한 바와 같이 역사 교과서의 국정화 문제를 놓고 보수와 진보 진영이 첨예하게 맞서고 정치권에서는 여야 간에 한 치의 양보도 없는 정쟁으로 비화하고 있다. 새누리당은 역사 교과서 국정화를 당론으로 채택하고 "좌편향 교과서는 친북 사상을 퍼트리는 숙주"라며 국정화를 관철하기 위해 강력한 투쟁을 다짐했다. 반면 새정치민주연합은 교과서 국정화를 '역사 쿠데타'로 규정하고 유신시대처럼 친일과 독재를 미화한 국사 교과서의 재판이 될 것이라고 주장하며 장외 투쟁을 벌이고 있다.

여야가 냉정하게 짚어야 할 것은 이념적인 정쟁이 아니라 역사 교육의 본질이다. 역사를 어떻게 제대로 가르쳐 미래 세대에 올바른 인식을 심고 나라를 발전시킬 것이냐가 논란의 핵심이 돼야 한다. 역사 기술은 이념적 주장에 좌지우지될 수 없는 사실(史實) 자체여야 할 뿐 국가분열의 빌미를 조장해선 안 된다. 국사 교과서 국정화는 교육부 차관의 전결 사안이다. 당정 협의를 거쳐 국정화 방침을 확정한 뒤 교육부가 고시만 하면 진행될 수 있다.

진보와 보수의 대립과 여야의 정쟁에도 불구하고 국정화를 강행한다면 이른바 '올바른 한국사 교과서'를 만들기 위해서 편향성에 치우치지 않고 균형감 있는 필진을 구성해야 한다. 그리고 논란이 많은 근현대사의 비중을 낮추어야 한다. 불과 50년 남짓한 근현대사가 교과서 전체의 40% 이상 차지하고 있다. 아직 역사의 당사자와 직계 후손이 살아 있는 상황에서 현대사를 자세히 가르쳐야 하는지 고민해야 한다.

국사 교과서 국정화에 찬성하든 반대하든 대한민국의 건국과 산업화, 민주화가 고난 속에서 세계가 인정하는 '기적의 역사' '눈부신 대한민국'을 이룬 자랑스런 성취는 누구도 부인하지 못할 것이다. 이런 역사를 젊은이들에게 올바로 가르쳐 자긍심을 갖고 나라의 미래를 이끌어갈 동력을 길러야 한다. 이를 위해 정치인과 교육자는 역사 교육을 이념 전쟁으로 몰아가선 안 된다. 국정 · 검인정 싸움을 넘어 오로지 올바르고 바람직한 역사 교육을 어떻게 이룰 것인가를 놓고 머리를 맞대야 한다.

+ + +

어린이집의 비리와 아동 학대

지난달 인천 연수구의 한 어린이집 보육 교사가 네 살 아이를 폭행하는 폐쇄회로TV(CCTV) 동영상을 본 국민들은 피가 거꾸로 솟는다고 말하고 있다. 무지막지한 팔뚝을 가진 보육 교사가 네 살짜리 아이를 나가떨어지도록 얼굴을 내려치는 것도 충격이었지만 그 아이가 폭행을 당한 뒤 한 행동은 더 기가 막혔다. 울거나 멍해 있는 게 아니라 곧바로 일어나 바닥에 떨어진 김치 조각을 식판의 그릇에 주워 담았다.

다른 아이들은 줄곧 옆에서 숨소리도 내지 못한 채 이 장면을 지켜보고 있었다. 얼마나 무서웠으면 울음소리도 내지 못했겠는가. 평소 그 보육 교사가 아이들을 어떤 식으로 다뤄왔는지 안 봐도 뻔히 알 수 있는 장면이었다. 부천 어린이집에서 잠을 자지 않는다며 아이를 머리 높이까지 들었다 내팽개치기를 수차례 반복하는 장면이 유튜브에 공개되면서 학부모들의 공분을 산 것도 불과 얼마 전의 사건이었다.

최근 들어 어린이집 아동 폭행 사건이 빈번하게 발생하고 있다. 지난 5년간 어린이집 아동학대는 800여 건이나 됐고 매년 증가 속도도 가파르게 상승하고 있다고 한다. 2012년 무상보육이 확대되면서 보육시장이 확 늘어난 반면 인프라와 질적 서비스가 못 따라가기 때문이다. 양적 성장에 치중하느라 질적 수준이 오히려 퇴보하는 전형적인 한국형 병폐가 되풀이되고 있는 것이다.

논의 과정도 제대로 거치지 않고 2011년 12월 31일 국회가 갑작스레 0~2세 무상보육에 합의하였고 2013년에는 정부와 여당이 주도하여 0~5세 무상보육을 확대 시행하였다. 이 같은 악순환의 고리가 이어지는 것은 '과속복지'에 원인이 있다고 할 수 있다.

양적 팽창의 폐해는 보육의 가장 중요한 요소인 보육 교사의 자원을 대량으로 양성하면서 자질 검증 자체가 미진한 것을 들 수 있다. 고등학교만 졸업해도 단기 과정의 인터넷 강의나 형식적 실습으로 보육 교사 자격을 딸 수 있을 만큼 자격 관리가 허술하다.

전국 4만 5천여 개의 어린이집 중 국공립은 5% 정도에 불과하고 95%가 민간 어린이집이다. 민간 어린이집은 1인당 시설 면적(4.29㎡)을 비롯한 최소 요건만 충족하면 쉽게 인가를 받을 수 있다. 그렇게 문을 열기만 하면 학부모들이 내는 보육료 외에 정부에서 연령에 따라 월 40만 원에서 70여만 원씩 국가에서 보육료를 지원해주고 있다. 무상보육이 0~5세 전체로 확대되면서 그 국가예산이 10조 원에 이르고 있다.

경찰과 자치단체의 합동조사 결과 아동학대와 불량급식, 공금 횡령을 저지른 어린이집이 상당수 있는 것으로 파악되었다. 일부 악덕 업자들은 국가보조금을 공돈으로 여기고 자신들의 배를 채우고 있는 것으로 나타났다. 적발된 어린이집 중에는 유통기한이 지난 생닭으로 죽을 끓여 먹인 곳도 있고 농수산물 시장 집하장에 버려진 배추 시래기를 모아 된장국을 끓여 먹인 곳도 있다. 생닭 죽을 끓여 먹인 원장은 "이런 닭은 폐기해야 한다"고 항의하는 60대 조리사를 곧장 해고했다고 한다.

정부, 여당이 지난달 보육 교사 자격증은 국가시험에 합격해야 딸 수 있게 하고, 어린이집 폐쇄회로TV 설치를 확대하거나 의무화 등 몇 가지 근절대책을 내놨다.

보육은 중단될 수 없다는 점에서 '보육의 질'을 일정 수준까지 높이는 작업이 시급히 시행돼야 한다. 당국의 관리감독이 강화돼야 하는 것은 물론이다. 보육 종사자들의 자질 검증 시스템을 마련하고, 기존 종사자들에 대한 보수교육과 애로사항 청취 등을 통해 업무환경 개선 노력을 함께하는 등 점차 어린이집 문화의 선순환 구조를 이루도록 하는 것이 중요하다. 또 공보육이 도입된 만큼 중장기적으로는 보육 교사도 유치원 교사 수준으로 자격요건을 강화해야 한다.

+ + +
# 오월의 단상

오월은 '가정의 달'이다. 신록으로 성장(盛裝)한 계절에 가족과 관련된 기념일이 집중되어 있다. 가정마다 부모, 자녀, 부부와 관련된 날의 개념에 맞는 이벤트가 풍성하다. 부모의 가슴에 카네이션을 달아드리고, 사랑하는 배우자의 품에 장미꽃을 안겨준다. 그리곤 서로의 관계를 새삼 확인하고 되새긴다.

어린이날은 온 가족이 아이들을 위하여 이벤트를 한다. 그럼에도 하늘보다 더 큰 사랑으로 나를 길러준 부모님을 위한 어버이날의 의미는 점차 퇴색돼가고 있는 것 같아 안타깝다. 물질 제일주의 세상 풍조에 묻혀 부모에게 감사하는 마음보다 나에게 금수저나 은수저를 쥐어주지 못한 것을 원망하는 젊은이들이 많다고 한다.

효는 사람됨의 근간이다. 선한 마음이 움직이는 것은 백행의 근본인 효의 마음이다. 부모님을 생각하는 근원이 사람을 착하게 만들고 결국 바른 인성으로 이끈다. 효의 마음을 가지고 생활하는 사람은 바른 인간으로서 기본자세를 갖춘 사람이다. 공자는 "부모님을 봉양하는 일뿐만 아니라, 공경하는 마음을 가져야 하며 부모님께 걱정을 끼쳐드리지 않아야 한다"고 했다.

어느 고등학교의 일이다. 교장선생님이 그 학교에 새로 부임해서 학교 교육목표를 '부모님께 효도하자'로 정하고 효행지도를 강조했다. 지도 결과 괄목할 만한 성적 향상을 가져왔고, 명문대학 진학률이 두 배 이상이나 높아졌다. 학생들은 효 교육을 통해 어떻게 부모님을 공경하고 기쁘게 해드릴까를 고민했고, 부모님의 마음을 헤아려 자신들에게 원하는 것이 무엇인지 깨닫고 노력한 결과였다.

효와 관련하여 '연어와 가물치'의 이야기는 모성애와 자식들의 처절한 효도를 엿보게 하는 예화다. 무엇보다도 연어는 모성애의 극치를 보여준다. 연어는 산란 후 알을 지키고 있다가 갓 부화된 새끼들이 아직 먹이를 찾을 줄 몰라 어미의 살코기에 의존해 성장한다. 어미 연어는 극심한 고통을 참아내며 새끼들이 맘껏 자신의 살을 뜯어먹게 내버려둔다. 새끼들은 그렇게 성장하고, 어미는 결국 뼈만 남기고 죽음에 이른다. 세상에서 가장 위대한 모성애다. 그래서 연어를 '모성애의 물고기'라고 하지 않는가.

가물치에 대한 이야기 또한 같은 맥락이다. 가물치는 알을 낳은 후 바로 실명하여 먹이를 찾지 못해 배고픔을 참을 수밖에 없다. 부화되어 나온 수천 마리의 새끼들이 천부적으로 어미가 굶어 죽는 것을 볼 수 없어 한 마리씩 자진하여 어미 입으로 들어가 어미의 굶주린 배를 채워준다. 시간이 지나서 어미가 눈을 뜰 때쯤이면 남은 새끼는 10분의 1도 안 된다고 한다. 대부분의 가물치 새끼들은 어미의 배를 채우기 위해 희생했기 때문이다. 그래서 가물치를 '효자 물고기'라고 한다.

살면서 우리는 이 두 가지 역할을 하게 된다. 부모로서, 자식으로서 '연어와 가물치' 이야기는 자신의 치부를 드러나게 한다. 요즈음 연어 같은 모성애는 있으면서 가물치 같은 효심은 찾아보기 어려운 안타까운 현실이다. 부모에게 하는 만큼 자식에게 돌려받는다는 말도 있다. 하지만 효심은커녕 자기가 낳은 자식조차 학대하는 삭막한 현실이 우리의 가슴을 아프게 한다. 부모님께는 좀 더 나은 자식, 자녀들에게는 좀 더 자애로운 부모가 될 수 있도록 자신의 마음을 가다듬고 다짐하는 오월이 되었으면 싶다.

✢ ✢ ✢

부족함을 채우는 방학 생활

방학은 1년에 두 번 실시한다. 연중 가장 더운 시기와 가장 추운 시기에 실시하고 있다. 두 번의 방학 기간을 합산하면 연중 80여 일이 된다. 1년의 5분의 1이 넘는 기간이다. 학교에서는 방학 기간을 학교 교육의 영역에서 벗어나 학생들이 자율적으로 생활하는 기간이지만 교육의 틀에서 배제하고 방치할 수 없는 것이다. 선생님들은 학생 개인 학력을 고려한 개별화 과제를 제시하여 학습력 향상에 노력하도록 하고 있다.

방학(放學)이라는 어원을 생각해보면 방(放)은 '쉰다' '논다'는 뜻이고 학(學)은 '배움'을 뜻한다. '학업을 중단한다' '학업을 일정기간 쉰다'는 뜻으로 말할 수 있을 것 같다. 물론 학생들은 학교 교육의 제도적인 틀에서 벗어나 자신의 모습으로 생활하고 싶은 것이다. 과연 방학이란 학업을 중단하고 쉬는 기간인가 깊이 생각해봐야 할 문제이다.

공부할 줄 아는 학생들은 방학의 중요성을 알고 있다. 오히려 공부하는 절호의 기회로 알고 방학을 기다리는 것이다. 자기의 부족한 것이 무엇인가를 알고 보충하기 위한 기회로 삼는다. 이런 학생들은 방학을 더 바쁘게 생활한다. 책을 읽기도 하고 여러 곳을 다니며 조사, 탐구하기도 하고 가정에서 아니면 학원에서 부족한 분야를 보충하기도 한다. 이와 같이 방학은 학업을 중단하는 것이 아니라 더위와 추위를 극복하면서 자기 스스로 공부하는 계기로 삼는 것이다.

방학을 의미 있고 보람 있게 보내기 위해서는 방학 계획을 잘 수립해야 한다. 방학 생활계획은 무리하게 세우는 것이 아니라 자신의 일상생활을 돌아보면서 자신에게 알맞은 계획을 세워야 한다. 계획을 세운다는 것은 실천을 목적으로 하는 것이다. 실천 없이 계획으로만 남는다면 아무 의미가 없다고 할 수 있다. 어떤 일이 있어도 최선을 다해 계획을 실천하겠다는 각오가 있어야 한다. 방학을 무의미하게 보낸다는 것은 시간적으로 큰 낭비이다. 방학이 끝날 무렵 '나는 방학 중에 이런 일을 했다'라는 자부심이 있어야 한다.

금학년도 여름방학이 곧 시작된다. 방학을 손꼽아 기다렸던 학생들과는 달리 방학 기간 중에 '방학 증후군'을 호소하는 학부모님들이 의외로 많다. 방학 생활계획은 거창하게 세웠지만 지키는 것은 뒷전이고 빈둥거리며 허송세월하는 자녀를 보면 속이 타는 것이다.

학부모의 방학 스트레스를 줄이고 효율적인 여름방학을 보내기 위한 몇 가지 제언을 하고자 한다.

방학 기간에는 부모 역시 게을러지기 쉽다. 텔레비전을 보다가 늦잠을 자는 등 생활 패턴이 불규칙해지기 쉽다. 이 경우 자녀들도 함께 빈둥거리게 되므로 기상, 취침, 식사 등 기본적인 생활은 학기 중처럼 유지하는 것이 좋다.

계획대로 실천했는지 여부는 시간이 아니라 학습량으로 판단한다. 몇 시간 공부했는지가 아니라 얼마만큼의 공부를 했는지가 중요한 것이다. 공부를 빨리 끝냈다면 다른 공부를 재촉하는 것보다 자유로운 시간을 갖도록 하는 것이 좋겠다.

정해진 시간에 규칙적으로 해야 하는 것과 자유롭게 해야 되는 것의 경계를 분명히 해야 한다. 자녀들에게 모든 시간을 마음대로 쓰게 하거나 거꾸로 부모가 시간표를 일일이 관리하는 것은 옳지 않다. 그리고 공부는 되도록 집중력이 높은 오전 중에 마치고 오후에는 편안한 활동을 하도록 하는 것이 좋다.

실내의 제한된 공간에서 많은 시간을 보내는 아이들은 일주일에 하루 이틀 정도 야외에서 뛰어놀 수 있도록 해서 신체 조절력과 집중력을 길러줘야 한다.

온 가족이 함께 시간을 보내는 것도 좋지만 부모와 자녀 간의 일대일로 같이하는 것도 좋다. 다른 형제와 비교당하거나 경쟁하지 않고 부모와 오붓한 시간을 보내고 있다는 행복감을 줄 수 있다.

이상의 두서없는 몇 가지 제언이 가정에서 자녀들의 방학 생활지도에 도움이 되었으면 하는 마음이다. 사람이 계획하고 하고자 하는 일들 중에서 무리라고 할 수 있는 일들은 있을지라도 안 되는 일은 거의 없다. 사람의 능력은 무한하다. 그러나 일이 뜻대로 이루어지지 않는 경우는 일을 추진하는 사람들이 부정적으로 생각하고 소극적으로 생각하기 때문이다. 이 글을 읽는 학생과 학부모는 모든 일에 긍정적인 생각과 적극적인 행동을 통하여 후회 없는 알찬 여름방학이 되길 기원하며 글을 맺는다.

+ + +

원당교육의 소고(小考)

교육을 한마디로 얘기한다면 '사람을 사람답게 키우는 일'이라고 할 수 있다. 교육이 국가정책이나 사회적으로 차지하는 영역과 영향력에 비한다면 그 심오한 교육의 개념을 그렇게 간단히 표현하기에는 너무 부족한 것 같다.

교육의 어원을 동서양으로 나누어 살펴보고자 한다. 동양에서 교육은 맹자가 쓴 『진심편(盡心篇)』에 최초로 등장한다. 여기에서 맹자는 군자의 세 가지 즐거움을 얘기하면서 득천하영재지교육삼낙야(得天下英才之教育三樂也)라고 말하고 있다. 천하에 영재를 얻어서 가르치는 것이 세 번째 즐거움이란 뜻이다. 교육의 어원적인 풀이는 '문화와 전통, 생활풍습, 언어를 후손들에게 가르치며 바른 품성을 지니도록 양육하는 것'이라고 말한다. 서양에서의 교육은 동양에서 말하는 것과 다른 의미를 지니고 있다. 서양에서 교육을 의미하는 education은 라틴어 educere에서 파생되었다. educere는 복합어로 '밖으로'와 '이끈다'는 의미를 가지고 있다. 서양에서 말하는 교육의 어원은 '인간의 선천적인 자질을 밖으로 이끌어주는 것'이라고 할 수 있다. 동서양의 교육의 본질은 조화를 이루면서 현대교육 이론의 바탕이 되고 있다.

며칠 전에 어머니순찰대 활동을 하고 있는 자모님과 우연히 얘기를 나누게 되었다. 자모님의 얘기 중에는 "원당초에 자녀를 보내고 학부모가 된 것을 자랑스럽게 생각한다"고 했다. "학교 교육과정 운영에 만족한다고 했고 학생들의 생활지도 특히 인성지도를 잘해줘서 학교폭력, 집단 따돌림 등으로 어려움을 겪는 학생들이 없는 것 같다"고 하면서 언론에 헤드라인을 장식하는 "학교폭력, 학생 자살사건 등의 관련 보도는 우리 학교와 상관없는 얘기인 것 같다"라고도 했다. 대화를 나누고 있는 상대가 학교장이라는 것을 감안하면 자모님의 말이 액면 그대로는 아니라는 생각을 했다. 물론 학교 교육 전반적인 면에 학부모들의 원성과 민원사항이 가끔 있는 것도 사실이다.

원당의 교육가족인 학부모 집단은 당진이 신흥공업 지역으로 부상하면서 대부분 대기업에서 필요로 하는 유수한 인재들로 형성되었다. 학생들은 남부럽지 않은 가정환경에서 철저한 가정교육을 받으며 자라고 있다. 행정실에 근무하는 어느 직원이 말한 것처럼 "우리 학교 학생들은 하나같이 똑똑하고 예쁘고 준수하게 생겼다"는 말에 많은 교직원들이 공감하고 있는 것 같다. 먼발치인데도 달려와서 "교장선생님 안녕하세요?" 반갑게 인사하는 학생들을 보면서 심성이 착하고 예의 바른 원당초등학교 학생들이라는 뿌듯한 생각을 갖기도 한다. 작년 가을에 개최한 영어 외우기 페스티벌 행사에 교육감님이 참석하셔서 "시골 학교에도 이렇게 영어를 잘하는 학생들이 있느냐!"고 격찬했던 말씀에 선생님들은 아직도 원당초등학교의 자긍심으로 생각하고 있다. 학생들의 자랑스러움의 배후에는 선생님들의 드러나지 않은 노력이 있다는 것도 생각한다. 교수—학습지도 활동을 연마하기 위한 자율연수, 컨설팅 장학활동 등 두 분 교감선생님과 수석선생님이 주도면밀한 리더십을 발휘하여 선생님들의 교육활동을 잘 이끌어가고 있다. 학교 교육활동에 별 영향력을 미치지 못하는 교장, 있는 듯 없는 듯한 교장의 역할인데도 잘 굴러가는 원당교육을 생각하면서 항상 교직원, 학부님들께 감사하고 고마운 생각을 갖고 있다.

맹자는 천하에 영재를 교육하는 것이 군자의 세 번째 즐거움이라고 했다. 원당초등학교 선생님들은 맹자가 말한 군자의 낙을 즐기는 것 같다. 동서양에서 말하는 교육의 본질을 조화롭게 받아들여 학생들의 바른 인성 함양과 학습능력 향상을 위해 부단히 노력하는 교직원들과 학교 교육활동에 적극 참여하고 지원을 아끼지 않는 학부모님들께 다시 한번 감사드리고 특히 선생님들의 가르침을 잘 따라주는 학생들에게 무한한 격려와 칭찬을 보낸다. 원당초 대교장이라는 부끄러운 자긍심을 내세우는 것보다 손가락 정도만 움직이며 굴러갈 수 있도록 역할을 하는 것이 좋겠다는 노파심을 드러내면서 글을 맺는다.

+ + +

충남 교육비리와 그 후유증(後遺症)

충남교육이 완전 패닉 상태에 빠져 있다. 교육계의 성골(聖骨)이라 일컫는 교육전문직 장학사들이 의도적이고 계획적인 범죄 행위로 인해서 충남교육이 비리의 늪에 빠져 혼수상태가 된 것이다.

차라리 불가항력(不可抗力)에 인한 사고였다면 체념하고 감내할 수 있을 것이다. 조직적인 범죄행위로 인한 충남교육 비리를 지켜보는 일선 교육 현장의 선생님들과 학부모, 학생들이 감내하기 어려운 시간을 보내고 있다.

누구를 원망하고 누구한테 분풀이를 해야 하는지 치밀어 오르는 화를 삭이지 못하고 있는 것이다. 하루가 멀다하게 중앙 매스컴을 타고 보도되는 충남 장학사 선발 비리 사건을 접하면서 충남교육이 비리의 온상이고 가증스런 범죄 집단이라는 생각이 각인되는 것 같다.

출제위원들이 문제를 출제하기도 전에 교육전문직 선발 시험문제가 유출되었다는 것은 상식적으로 도저히 이해하기 어렵다. 시험에 응시하는 선생님들을 유혹해서 수천만 원씩 받고 문제를 유출한 범죄 행위가 드러나자 돈 거래한 선생님들에게 매뉴얼을 작성해서 수사 대처방안을 지시했다고 한다. 이렇게 지능적이고 파렴치하게 장학사들이 범죄 행각을 벌인 것이다.

지역의 모 신문은 음독자살을 시도한 교육감에 대해서 굳게 믿었던 부하직원에게 배신감을 느끼며 치를 떨었을 것이라고 어느 장학사의 말을 인용 보도했다. 수사과정에서 구속된 장학사가 범죄행위 사실을 자백한 것에 대한 얘기인 것 같다.

아직도 들끓는 여론과 민심을 모르는 사람들인 것 같다. 추악한 비리를 합리화시켜 덮어가려는 교육 현장을 들여다보는 것 같다. 왜 충남교육이 이 지경으로 전락했는지 안타깝다. 어떤 사람은 충청남도 도민인 것을 부끄럽게 생각한다고도 한다.

며칠 전에 충청남도교육청에서 '교육전문직 전형 및 인사 쇄신안'을 발표하였다. 발표 시점에 대해서 언론의 구설수를 타고 있다. 내용도 궁여지책(窮餘之策)으로 급조되어 조잡한 느낌을 주고 있다. 개정안에 따르면 대학교수와 언론인 등 외부 인사들을 전형위원으로 위촉한다고 했다. 교육전문직 선발전형에 참여하는 외부 인사들까지 비리의 온상으로 끌어들이는 것 아닌지 걱정된다. 그리고 어려운 전형과정을 거쳐서 선발된 장학사들에게 그동안 주어졌던 인센티브가 없다면 교사들이 장학사 선발시험에 응시할지도 의문이다. 경쟁력이 없는 장학사 선발시험은 충남교육의 비전을 기약할 수 없다.

필자가 얼마 전에 본지 기고를 통해서 주장했듯이 앞으로 충남교육이 바로 서자면 관련법과 규정을 바꾸는 것보다 이번 사건을 철저히 수사하여 범죄 행각을 낱낱이 밝혀내고 혐의자들을 색출하여 엄정히 처벌해야 한다. 봐주기식 수사, 솜방망이 처벌은 파렴치한 교육 비리의 악순환만 불러올 뿐이다.

비리의 근절은 법을 집행하고 운영하는 사람들의 준법의식이 중요한 것이지, 법이나 규정을 새로 뜯어고치는 것만이 능사가 아니다. 금학년도 교육전문직 수급계획에 의해서 필요 인원을 기존의 선발 규정을 적용하여 선발하기 바란다. 장학사 선발과정에 철저한 관리 감독을 통해서 이번 비리 사건으로 인한 충남교육 불신이 해소될 수 있는 계기를 만들어보는 것이 좋을 것 같다. 엄정하고 공정한 과정을 거쳐서 선발된 장학사들이 자긍심과 사명감을 갖고 충남교육에 새바람을 일으켜 신뢰받는 교육풍토를 조성하므로 명예회복의 계기가 될 수 있을 것이다.

혹자는 필자의 글을 일컬어 불난 집에 부채질한다고 혹평할지 모르겠다. 더 이상 보고만 있어서는 안 되겠다는 생각에서 거르지 않은 격한 감정의 글을 썼다. 아무튼 충남교육이 하루빨리 중심을 잡고 혁신적인 변화를 통해서 새롭게 거듭나길 바란다. 그리고 신뢰받는 충남교육이 조성되길 기원한다.

+ + +

학교 교육 현장의 위기

15년 동안 합법적 지위를 누려온 6만 조합원의 전교조가 하루아침에 법의 울타리 밖으로 쫓겨났다. 법원이 고용노동부의 '법외노조' 통보는 정당하다고 판결했기 때문이다. '법외노조'는 노동조합으로 인정할 수 없다는 것이다. 지난해 10월 고용노동부가 해직교사 9명이 조합원으로 소속돼 있다는 이유로 전교조에 '법외노조'라고 통보하자 전교조는 서울행정법원에 이 통보를 취소해달라고 요구하는 소송을 냈다. 학생을 가르치는 교원들 노조는 일반 근로자 노조보다 더 엄격한 규율이 필요한 만큼 고용노동부의 '법외노조' 통보엔 문제가 없다며 전교조의 패소 판결을 내렸다. '법외노조' 판결의 법적 근거는 '근로자가 아닌 사람의 가입을 허용하는 경우 노동조합으로 보지 않는다'는 교원노조법 2조의 위반이다. 전교조는 국가보안법, 선거법 위반 등으로 해고된 교원 9명을 조합원으로 끌어안고 있다. 해직 교원을 조합원으로 둘 수 있다는 전교조의 규약이 교원노조법에 어긋나니 시정하라는 정부의 명령을 수용하지 않고 있는 것이다.

이번 판결로 전교조는 형사상 유죄판결을 받아 해직된 교사 9명을 내보내고 노조설립 신고를 다시 하지 않는 이상 그동안 교원노조로서 누려온

법적 지위를 모두 잃게 됐다. 시, 도교육청은 전교조와 더 이상 단체교섭과 단체협약을 맺거나 사무실 임대료를 지원할 근거가 없어졌다. 노조 전임자로 교실을 떠났던 조합원 72명도 즉시 학교로 복귀해야 한다.

그러나 전교조는 '사법부는 행정부의 시녀임을 고백했다'고 비난 성명을 내며 반발하고 있다. 또한 전교조 소속 교사 1만 2천여 명이 실명으로 서명한 교사선언에서 박근혜 대통령의 퇴진을 촉구하고 있다. 박 대통령의 지지부진한 세월호 진상 규명과 총리 유임, 교육부 장관, 국가정보원장 등의 지명은 세월호 참사에 대해 어떤 책임도 지지 않겠다는 대통령의 공식 선언이라고 주장하기도 한다. 교사도 사회적 존재이므로 정치적 견해를 가질 수 있겠으나 교육공무원으로서 지켜야 할 정치적 중립 및 집단행동 금지를 위반하고 있는 것이다. 교사로서의 신분은 유지하면서 학생들을 볼모 삼아 대통령 퇴진을 외치는 등 정치판에 뛰어드는 전교조 교사들의 편협한 사고는 학교를 오염시키고 건강한 사회에 대한 위협이 되고 있다.

이번 6·4 지방선거에서 진보교육감이 대거 당선되었다. 이들 중에는 이번 소송과 관련해 대법원에서 확정 판결이 내려지기 전까지는 현행대로 전교조를 지원하겠다는 의사를 밝혀 교육부와 상당한 충돌이 예상되기도 한다.

전교조가 법원 판결에 불복해 투쟁 노선을 걷게 되면 학교 현장은 또 한 번 아수라장이 될 것이다. 그 피해는 학생들에게 돌아갈 수밖에 없다. 전교조는 설립 초기의 '참교육 정신'으로 돌아가 무엇이 학생과 학부모를 위하는 길인지 다시 따져보고 이성적인 길로 가야 한다.

+ + +

학교 체벌 금지로 인한 논란

학교 체벌로 인해서 사회적 물의를 야기한 것은 어제오늘의 병리현상이 아니다. 얼마 전 서울 H 초등학교 6학년 교실에서 담임교사가 학생을 폭행하는 동영상 장면이 언론에 방영되었다. 주먹으로 얼굴을 가격하여 쓰러진 학생을 다시 일으켜 발로 차거나 손바닥으로 때리는 장면이 반복적으로 이루어지는 동영상을 몇 분 동안 방영하였던 것이다. 담임교사는 학생을 주먹 한 방에 나가떨어지게 한다고 해서 '오장풍'이라는 별명이 붙었다고 한다. 이 같은 사건을 접하면서 교육 현장에 종사하는 우리들은 자괴심을 갖지 않을 수 없었다.

40여 년 교단을 지켜온 필자와 동료들은 70~80년대 담임을 맡아 학생들을 지도하면서 매 드는 것은 다반사였고 그 당시 단체 기합은 원산폭격, 한강철교, 의자 들고 서 있기 등이 유행처럼 번진 체벌 방법이었다. 동네 주점에서 학부형과 술이라도 한 잔 기울일 기회가 있으면 이구동성 부탁하는 말이 있다. 우리 아들 매를 들어서라도 사람 되게 해주고 공부하도록 해달라는 것이었다. 그때는 학부모들로부터 허락받은 체벌이 가해졌던 것이다. 물론 학교 현장에서도 생활지도, 학습지도 과정에서 교육적 체벌은 누구도 간섭 못 하는 당연한 것이라 생각했다. 그렇게 물리적으로 가해지는 체벌을 받으며 학교생활을 했던 학생들이 학력이 향상되었고 바른 품성이 함양되었다는 긍정적인 자부심을 갖고 있다. 지금도 반듯하게 성장하여 사회의 일원이 된 그 당시 제자들을 만나면 그 시절 체벌의 풍속도가 얘기되곤 한다.

90년대에 접어들면서 학생 체벌 문제가 뜨거운 감자로 우리 사회에 회자되기 시작했다. 교육혁신의 일환으로 체벌을 금지하는 내용의 초중등교육법이 1998년에 제정 공포되었고 2002년에는 교육부에서 학교 생활규정 예시안을 발표하였다. 이에 준하여 각급 학교에서는 학교 교칙을 정하도록 하였던 것이다. 여기에서도 체벌은 원천적으로 금하지만 불가피한 경우에는 허용하고 있는 것이다. 교육 현장에서 상과 벌은 학습효과를 올리기 위해서 필요 불가결한 것으로 받아들이고 있다.

문제는 교육적이라고 생각했던 담임교사의 체벌이 학부모, 학생들에게 폭력으로 받아들여져 사회적인 물의를 야기하는 것이다. 서두에서 언급한 학생 폭행 사건 등으로 인해서 서울특별시 교육감이 학생 체벌 금지 관련법 제정을 전격 발표하게 되었다. 이로 인해서 정치권은 물론 교육 현장에 큰 반향을 불러일으키고 있는 것이다.

얼마 전 서울시 교육감이 주재했던 학교장 회의에서 많은 교장들이 체벌금지법 제정에 격렬하게 항의했다고 한다. 이들은 학생들의 비행 제재를 못 하게 되면 학교 교육 현장은 무방비 상태가 되고 교실 붕괴현상이 발생한다고 주장하는 것이다. 서울시에서는 이런 문제점을 보완하기 위해서 대체벌을 발표했는데 문제 행동을 한 학생들에게 교실 뒤에 서서 수업을 받도록 하거나 교실 밖에 격리시켜 상담을 받도록 한다는 것이다. 이후에도 잘못된 행동이 계속되면 학부모 면담을 하고 그래도 개선의 여지가 없으면 규정에 따라 징계한다는 것이다. 규정에 따른 징계라면 유 · 무기정학과 퇴학을 생각할 수 있는데 오히려 이 같은 대체벌이라면 교육적 체벌을 허용하는 경우와 달리 학업을 중도에 포기할 수밖에 없는 안타까운 사태가 발생하게 될 수도 있는 것이다.

교육 현장에서 학생들의 교육활동을 주관하는 현직 교원들의 의견은 학교체벌 금지에 70% 이상이 반대 의사를 표한다고 한다. 학부모들까지도 체벌 금지로 인해서 오는 교육의 파행을 우려하는 목소리가 높은 것이 사실이다. 선생님들이 학생들의 비행을 목격하면서 방관자적인 역할을 할 수밖에 없음을 우려하고 있는 것이다.

사회적 물의를 일으켰던 서울 H 초등학교 '오장풍' 교사의 학생 폭행 사건과 같은 사례는 교육 현장에서 극소수에 불과하다. 미꾸라지 한 마리가 샘물을 온통 흙탕물로 만든 격이다. 대부분의 선생님은 맡은 학급의 학생들을 자식처럼 생각하고 헌신적인 사랑으로 교육활동을 이끌어가고 있는 것이다. 교실 현장에서 문제 성향이 있는 학생들에게는 훈계 또는 사랑의 매를 들어 교육적 체벌을 가하고 있다.

일본 사람들은 체벌을 가하는 교사를 무능한 교사로 치부한다고 한다. 훈화, 상담을 통해서 학생들의 문제 행동을 교정해야 한다는 것이다. 우리 교육의 현실은 인적자원이 선진 일본의 교육 현장과는 다르다. 서울특별시 교육청의 체벌금지법 제정은 대부분의 국민들이 현실적으로 받아들이기에 시기상조라 생각하는 것 같다. 국민들의 공감대가 형성됨을 지켜보고 관련 법을 제정하고 시행해도 늦지 않을까 생각한다.

+ + +

비리의 늪에 빠진 충남교육

우리나라 부패지수가 높고 각종 사회적 부정과 비리가 판을 친다고 해도 최후의 보루는 교육기관이고 거기에 종사하는 교원들이어야 한다. 교원은 사회화 과정을 배우는 학생들을 가르치고 있기 때문에 그렇다. 교원은 모든 사람의 사표가 되어야 하고 학생들에게는 닮고 싶은 롤모델로 존경받는 선생님이 되어야 한다. 그렇기에 선생님이 되자면 대학에서는 전공과목 외에 교육학을 이수해야 하고 소정의 과정을 이수했을 때 국가에서 교원 자격증을 수여하는 것이다. 또한 시, 도별로 시행하는 임용고시를 거쳐서 초중등학교 교사로 임용되고 있다. 교원임용고시는 사법고시에 비견될 만큼 경쟁이 치열하다. 이렇게 어려운 과정을 거쳐 교원으로 임용된 선생님들이 교육 현장에 입문하여 각종 비리에 휩쓸리는 모습을 보면 안타깝다.

몇 년 전에 이어 충남교육 현장에서 또 인사 비리가 터졌다. 그것도 교원 중의 교원이라고 하는 교육전문직에 있는 장학사 선생님들이 사고를 친 것이다. 교육전문직 선발시험 문제를 응시 교사들에게 수천만 원씩 받고 유출한 사건이다. 한두 명의 소행이 아니고 조직적으로 교육전문직들이 담합하여 저지른 사건이라고 언론은 보도하고 있다.

교육전문직은 교직 사회에서 성골(聖骨)로 일컬어지고 있다. 교감, 교장의 조기 승진은 물론 도 교육청의 부장, 과장 그리고 각 시, 군 교육장으로 승진할 수 있는 자격이 주어지고 있으며 교육 현장에서 모든 선생님이 선망하는 대상이다.

사건 전모가 드러나기 시작한 것은 내부 고발이 발단이었던 것 같다. 태안교육청 노모 장학사가 전문직 시험 응시자들에게 접근해서 시험문제 유출을 먼저 제의하여 뒷돈을 받았다고 한다. 전문직 선발시험 출제위원이었던 천안교육청 박 모 장학사가 음독자살하면서 사건의 조직적인 연루 의혹이 커지게 되었고 경찰에서 수사를 확대하게 된 것이다. 경찰 수사선상에 올라 있는 인원이 20여 명이라고 한다. 이들은 거래 교섭과정에서 타인 명의의 대포폰을 사용하였고 철저하게 현금 거래만 했다고 한다. 문제유출도 문제지가 아닌 구술로 문제를 주고받았다고 한다.

조직적인 담합 의혹을 더욱 불러일으키는 것은 출제위원들의 합숙 당시 보안이 허술했다는 것이다. 합숙장소에서 외부 접촉이 가능했고 인근 식당 출입이 자유로웠다고 한다. 노트북 반입을 허용했고 메일이나 자료교환도 가능했다고 하니 보안이 얼마나 허술했는지 짐작할 수 있을 것 같다.

이번뿐 아니라 그동안 전문직 선발 시험관리가 어떠했는지 미루어 짐작할 수 있을 것 같다. 이렇게 허술한 여건에서 출제된 전문직 선발시험 문제와 뒷거래를 통한 매관매직(賣官賣職)의 풍토 속에서 선발된 교육전문직들이 충남교육을 이끌어간다고 생각하니 가히 통탄스럽고 학부모, 도민 입장에서 배신감마저 느껴진다.

일부 학자들은 우리나라가 전반적으로 부정과 비리가 만연되어 있기 때문에 충남 교육행정 비리도 관련법이나 규정을 뜯어고친다고 해서 그 뿌리를 근절하기에는 어렵다고 얘기한다. 이와 유사한 사건들이 민선 교육감이 바뀔 때마다 발생하였다. 2004년도, 2009년도에 이어 이번이 세 번째이다. 충남교육의 고질적이고 총체적인 부실, 비리 행정이라 아니할 수 없다. 전교조나 일부 언론에서는 이번 사건의 몸통을 따지면서 교육감이 책임지고 물러나야 한다고 주장하고 있다.

앞으로 충남교육의 위상이 어떻게 정립(正立)되어 갈지 많은 사람이 걱정한다. 그리고 교육전문직에 있는 장학사님들은 어떻게 학생과 일선학교 선생님들 앞에 설지 의문스럽기도 하다.

수사기관은 철저한 수사를 통해서 이번 사건의 비리 전모를 밝혀야 한다. 봐주기식 적당주의 수사는 용납할 수 없다. 사건에 연루된 혐의자들은 수사과정에 적극 협조해야 한다. 잘못이 있으면 인정하고 상응한 벌을 받아야 한다. 사건의 혐의를 숨기고 거짓 진술로 일관한다면 앞으로 충남교육이 비리의 늪에서 헤어나지 못함은 물론 충남교육의 미래는 없다.

분명 이번 사건은 파렴치한 일부 장학사와 교사들이 입신양명(立身揚名)과 승진에 눈이 어두워 저지른 일이다. 하지만 미꾸라지 한 마리가 샘물 전체를 흙탕물로 만들 듯이 밖에서 보기에는 온통 비리로 물들어 있는 것 같다. 이제는 충남교육에 자정의 목소리가 높아져야 한다. 그리고 혁신적인 변화를 가져와야 한다.

이번 사건으로 인해서 충남교육이 중심을 잃고 표류하는 것 같다. 일선학교 교육 현장에서는 교육과정 운영이 정상적으로 이루어져 교육 수요자인 학생과 학부모에게 피해를 주지 않도록 해야 함을 명심해야 할 것이다.

4부

믿음, 소망
그리고 사랑

✢ ✢ ✢

일제의 만행 '용서는 하되 잊지는 말자'

지난 12월 10일 감리교 당진지방 장로 수련회가 있었다. 장로님들의 사기 진작과 친목 도모를 위해서 매년 개최하는 행사다. 당진시청 정문 앞에서 70여 명의 장로님들이 대기하고 있는 두 대의 버스에 분승하였다. 몇몇 목사님들이 격려차 나오셔서 참석한 장로님들과 일일이 인사를 나누셨다. 출발에 앞서 박용선 감리사님의 인사말씀이 있었고 당진교회 방두석 목사님께서 당일 행사를 위한 기도를 해주셨다. 많은 분의 후원과 성원에 감사한 마음을 간직하고 예정된 시간 아침 8시에 출발하였다. 차중에서 회장님 인사가 있었고 총무의 당일 일정에 대한 안내가 있었다. 수련 장소는 감리교 교인들이 '대한 독립 만세'를 외치다 일제의 총칼에 무참하게 순교당했던 성지, 경기도 화성에 위치한 제암리감리교회였다. 한 시간 남짓 걸려서 참혹하고 잔인했던 일제 만행의 현장 제암리에 도착하였다.

제암리감리교회 학살 사건 현장에 추모비가 세워져 있고 좀 떨어진 곳에 기념관과 교회가 새롭게 건립됐다. 교회 건물 위에 우뚝 솟은 십자가는 당시 제암리 교인들의 순교 혈흔과 독립의 염원이 서려 있는 듯하였다.

먼저 기념관에 들렀다. 기념관은 3 · 1 운동 정신과 지역 주민들의 독립

만세 운동 참여 현황을 널리 알림으로써 선열들의 위상을 높이고 지역의 역사적 의미를 알리기 위해서 건립했다고 한다. 시청각교육실과 제1기념관, 제2기념관으로 나뉘어 있다. 입구에 들어서면서 우측에 시청각교육실이 있었다. 이곳에서는 약 20분 동안 영상을 통해 제암리 학살 사건 당시의 모습을 생생하게 보여줬다. 현장을 목격하고 참상을 당했던 증언자들의 이야기와 두렁바위의 타오르는 불꽃을 보며 그 당시 사건 현장에 있는 듯 착각에 빠지기도 했다. 영상을 통해서 국권을 침탈당했던 일제강점기에 이곳 주민들뿐만 아니라 우리 민족이 얼마나 참혹한 수난을 당했는지 알 수 있었다.

다음 제1전시관은 사건의 총체적인 배경에 대해서 조금 더 자세히 알 수 있었다. 또한 화성시내 다른 지역에서 일어났던 독립운동에 대해서도 알 수 있었다. 특히 제암리 마을이 일본군에 의해서 주민들이 학살당하고 집이 불태워진 모습은 너무도 처참하였다. 당시 목격자들의 증언을 담은 전시물을 보고 잔악한 일본 경찰과 헌병들의 만행에 치를 떨지 않을 수 없었다. 이제는 지나간 역사 '용서는 하되 잊지는 말자'는 교훈을 주고 있는 제1전시관 관람 후 제2전시관으로 발걸음을 옮겼다.

제2전시관은 국외 독립운동과 3 · 1 독립운동을 전체적으로 볼 수 있었다. 상하이 임시정부에서 독립운동을 하며 목숨을 초개와 같이 조국에 바쳤던 독립투사들의 모습이 눈물겨운 감동으로 다가왔다. 일제강점기 나라를 되찾기 위해 목숨을 걸고 독립운동을 하던 순국열사들을 절대 잊어서는 안 되겠다는 다짐을 하며 전시관을 나왔다.

다음은 전시관과 별동으로 이어져 있는 제암리감리교회에 들렀다. 예배실 의자에 앉아 기도를 하고 잠깐 기다리고 있는데 70세가 넘은 듯한 목사님이 단상으로 올라가셨다. 인사말씀 중에 2년 전 본 교회 담임목사로 계시다가 은퇴하셨다고 하셨다. 5㎞쯤 떨어진 곳에 사시면서 교회 방문객들이 찾아올 때마다 교회에 오셔서 제암리교회 학살 사건에 대한 증언을 하신다고 했다. 말씀을 조리 있고 현장감 있게 잘하셨다.

1919년 4월 15일 일본 경찰들이 제암리교회 신자들 21명을 교회에 몰아넣은 후 문을 폐쇄하고 총을 쏘아댔다고 한다. 거기에 휘발유를 뿌리고 불을 질렀다는 것이다. 교회 밖에서 남편을 부르며 울부짖는 두 아낙네의 가슴을 칼로 찌르고 목을 베었다는 이야기를 들으며 뇌리에 그 참상을 생생하게 떠올릴 수 있었다. 사람의 탈을 쓰고 그렇게 잔인할 수 있을까 하는 생각을 갖게 하였다. 그것도 모자라 일본 경찰은 제암리의 가옥 30여 채를 불태우고 500m 떨어져 있는 고주리에서 천도교 신자 6명을 살해하여 시채를 불태워버렸다는 것이다. 이는 4월 5일 발안지역에서 일어난 만세운동에 주도적 역할을 했던 제암리감리교회 교인들에 대한 무자비한 보복이었다고 했다.

1919년의 3 · 1 운동 당시 개신교는 천도교, 불교와 함께 지도적 역할을 담당했으며 전국 각지에서 발생한 크고 작은 독립만세 시위 중 상당 부분이 개신교 신자들에 의해 주도됐다. 그만큼 일제의 무자비한 탄압으로 피해가 많았는데 이를 대표적으로 보여주는 곳이 경기도 화성시의 제암리감리교회다.

일제강점기의 처참하고 비극적인 역사, 독립을 위해 목숨을 바친 순국선열들의 원한을 후손들이 어떻게 풀어줄 수 있을까를 생각하게 된다. 독일 히틀러의 유태인 학살에 대한 만행을 속죄하고 용서받기 위해서 브란트 서독 총리는 폴란드 아우슈비츠 수용소에 세워진 유태인의 추모비 앞에 무릎을 꿇었다. 그 후에도 독일 대통령과 총리는 기회 있을 때마다 사죄하고 용서를 구했다. 그런데 일본의 역사 인식은 다르다. 일본의 침략 전쟁으로 씻을 수 없는 상처를 입은 주변국과 국제사회의 반대와 만류에도 불구하고 태평양전쟁의 A급 전범 14명이 합사된 야스쿠니신사 참배를 강행하고 있으며 위안부의 강제동원과 일본군 개입을 인정한 고노담화를 부정하고 있는 것이다. 일본은 아직까지도 야만적인 모습을 버리지 못하고 있다.

일제의 강제징용과 학도병징집 및 위안부 징발 등 전쟁노예로 끌려가 억울하게 희생된 우리 동포들의 원혼(冤魂)을 풀어줘야 할 책임이 우리 후손들에게 있음을 깨달아야 한다. 또한 하나님을 섬기는 우리들은 일제의 총칼에 맞서 맨주먹으로 싸웠던 신앙 선배님들의 순교가 헛되지 않도록 각오를 새롭게 다져야 한다.

✢ ✢ ✢

삶과 죽음 그리고 신앙

산다는 것이 무엇이냐? 삶의 궁극적인 의미는 무엇인가? 이 세상에 태어나서 저세상으로 가는 것은 모든 사람이 똑같은데 그럼에도 모든 사람이 저마다 다른 삶을 산다. 다른 사람의 삶을 유심히 본다고 해서 인간의 삶이 무엇인지 알게 되지도 않는다. 희극인가 하면 그것도 아니고 비극인가 하면 그 역시 아니다. 삶은 정말 다양한 모습으로 드러나 그 정체성을 알 수 없게 만든다. 삶은 새옹지마(塞翁之馬) 이야기처럼 희극과 비극의 구분 자체를 무너뜨린다.

사람들은 삶의 궁극적인 의미를 행복한 삶에서 찾으려고 한다. 행복한 삶이란 어떻게 사는 것일까? 사전적 의미의 행복은 욕구와 욕망이 충족되어 만족하거나 즐거움을 느끼는 상태를 말한다.

인간의 욕망을 만족하게 채운다는 것은 불가능하다고 한다. 원하는 욕망이 채워지면 더 많은 것을, 더 높은 것을 바라는 것이 인간의 욕망이다. 재벌 총수가 더 많은 부를 충족하지 못해서 자살하고 고위 관직에 있는 사람이 더 높은 곳을 바라보며 부정한 일을 범하고 감옥에 가는 일을 목격한다.

그리스 신화에 나오는 마다스왕은 엄청난 부자가 되면 행복해질 것이라고 믿었다. 그래서 무엇이든 소원을 들어주겠다는 신에게 자신의 손이 닿는 모든 것을 황금으로 변하게 해달라고 간청했다. 신은 마다스왕의 소원을 들어주었다. 황금을 만드는 일에 몰두했던 마다스왕은 자신의 능력이 행복이 아니라 불행의 원천임을 발견하게 된다. 그가 손대는 음식과 포도주가 황금으로 변해서 먹을 수 없게 된 것이다. 심지어는 사랑하는 딸을 만지자 그 딸이 왕의 눈앞에서 황금상으로 변해버렸다. 세상에서 가장 부유한 사람이 되어 가장 행복한 사람이 될 것으로 믿었지만 결국에는 가장 불행한 사람이 되고 말았다.

삶을 이야기하면서 빼놓을 수 없는 것이 죽음에 대한 이야기다. 삶의 저편에 죽음이 있는 것이다. 인간 누구에게나 찾아오는 것이다. 죽음을 피할 수 있는 사람은 없다. 죽음 이후에 대한 이야기는 사람들이 경험해보지 못한 세계이기 때문에 확신을 가지고 말하지 못한다.

필자가 어렸을 때 이야기다. 이웃집에 살던 할머니가 나이가 들면서 시름시름 앓더니 몸져눕게 되었다. 할머니는 얼마 못 산다는 것을 알고 죽음 이후에 대해서 생각하였다. 자신이 죽으면 땅속에 묻힐 것을 생각하면서 두려움과 공포감에 남편인 할아버지한테 매일 밤 죽지 않게 해달라고 애원했다.

인간의 죽음 이후에 대해서 불교에서는 윤회사상(輪廻思想)을 말하고 기독교에서는 영원한 삶, 천국을 이야기한다. 불교의 윤회사상은 우리의 존재가 결코 한 시기의 존재가 아니고 업의 힘에 의해 무시무종(無始無終)으로 생사를 되풀이하는 존재라고 한다. 옛날이야기에 사람이 죽어 어떤 집에 개로 태어나거나 소로 태어나 그 집을 위해 봉사하다가 죽거나 다시 사람으로 환생하는 이야기가 있다. 불교의 윤회사상과 관련이 있는 이야기다. 하나님을 섬기는 그리스도인들은 세상 사람들처럼 죽음을 공포의 대상으로 생각하지 않는다. 하나님께서 독생자 예수그리스도를 이 세상에 보내주시고 십자가에 돌아가심으로 우리의 죄를 대속하여 주셨다. 하나님을 믿고 자신의 죄를 회개하면 영원한 천국의 삶이 보장되기에 죽음의 공포에서 해방되는 것이다.

필자는 신앙의 경륜을 말해주는 교회 장로 직분을 갖고 있다. 물론 장로라고 해서 신앙이 깊다는 것을 과시하는 것은 아니다. 특별히 장로라는 직분 때문에 천국 가는 것이 보장된 것도 아니다. 그러나 하나님의 말씀과 예수님의 십자가 보혈이 상징하는 사랑의 의미를 깨닫기 위해서 그리고 실천하기 위해서 최선을 다하고 있다.

성경에 나오는 인물 중에 하나님께서 가장 귀하게 쓰신 분 중의 한 분이 모세라 할 수 있다. 모세는 80세에 하나님께 부름 받았고 애굽의 노예생활에서 이스라엘 민족을 구원하라는 명을 받았다. 하나님께서 능력을 주셨고 모세는 이스라엘 민족을 젖과 꿀이 흐르는 가나안 땅으로 인도하는 대업을 이루었다.

필자는 수필 문단에 등단하여 한국문인협회 회원으로 활동하고 있다. 현재 한국방송통신대학교 국어국문학과 4학년 재학 중이기도 하다. 제대로 갖춰진 글다운 글, 독자들에게 감동을 주고 공감할 수 있는 글을 쓰기 위해 노력하고 있다. 한국 문단에 큰 족적을 남기고 싶은 것이 필자의 꿈이다. 나이 70의 인생 황혼기이지만 글을 통해서 하나님을 찬양하고 복음의 말씀을 땅끝까지 전하라는 그 사명을 감당하고자 한다. 모세에게 주셨던 하나님의 능력이 필자에게도 임하였음을 믿고 있다. 그 능력에 힘입어 복음 전도에 큰 위업을 달성하고자 하는 것이 필자의 염원이기도 하다.

이같이 하나님 사업에 동참하고 천국 백성임을 자부하면서 영생의 소망을 갖고 살아가면서 그리스도인의 진정한 삶의 의미를 되새겨본다.

✢ ✢ ✢

가치 있는 삶과 신앙

이 글은 필자가 어느 교회에서 간증한 내용을 칼럼 형식의 글로 재구성한 것이다. 신앙 간증 내용이어서 글 중에 자신을 과시한다든지 자기도취적인 표현이 있을 것 같아 먼저 독자들에게 이해를 구한다.

1984년 1월 1일이 일요일이었다. 세상에서 방황하던 삶을 청산하고 하나님 말씀 안에서 살아보겠다는 각오로 교회 문을 두드렸던 날이다. 교직 경력이 10년 좀 넘은 중견교사 때였다. 학창 시절 공주에서 시작했던 신앙생활이 가끔은 돌아가야 할 본향처럼 생각하곤 하였다. 벌써 많은 세월이 흘렀다. 하나님과 동행하는 삶을 살면서 많은 역경과 고통 가운데 하나님을 원망하며 그 곁을 떠나고 싶은 생각을 해본 적도 많았다. 하지만 40여 년간의 교직생활을 무사히 마칠 수 있었던 것은 하나님의 은혜이고 사랑이라 생각한다. 교사에서 교감으로 승진하고 교장으로 정년퇴임할 수 있도록 한 것도 하나님의 은총이라 생각하면서 항상 감사의 뜻을 간직하고 있다. 또한 남다르게 많은 자식을 어려운 가운데 크게 자랑스럽지는 않지만 남부럽지 않게 키운 것도 하나님의 도우심이고 축복이라 믿고 있다.

'둘만 낳아 잘 기르자'는 구호가 곳곳에 걸려 있던 시대에 1남 4녀를 두었다. 딸 넷을 낳고 다섯째가 아들이다. 아들을 낳을 때까지 낳겠다는 집념의 결과이다. 어려운 가정형편이었지만 다섯 남매가 모두 하나님을 섬기며 성장하였다. 지금은 딸 넷이 출가하여 11명의 손자 손녀가 있다. 막내아들은 서울감신대를 졸업하였고 목회자로 하나님의 부르심을 받았다. 결혼할 배필은 이화여대 초등교육과를 졸업한 초등학교 교사다. 둘째 사위와 셋째 딸에 이어서 세 명의 초등학교 교사를 두게 되었다.

안식구도 필자와 결혼 후 어쩔 수 없이 신앙을 받아들였는데 지금은 하나님께 인정받는 권사님으로 하나님을 성실히 섬기고 있다. 원래 처갓집은 불교를 믿는 집안으로 부처님을 조상 대대로 봉양하였다. 작은 절을 세워 스님을 두고 부처님을 모실 정도였다.

신앙 간증은 자신의 긍정적인 삶을 부각시켜 인정받고 본이 되게 하기 위함이라 할 수 있다. 그래서 자신을 미화시키는 내용이 필수적인 구성 요건이다. 필자도 역시 몇 가지 자랑을 열거하면서 하나님의 백성임을 부각시켰다.

먼저 영적인 삶의 모습에 대한 이야기다. 기도의 끈을 놓지 않기 위해서 그리고 영의 양식을 얻기 위해서 매일 새벽 예배에 참석한다. 가능하면 새벽 시간에 내 자리를 비우는 날이 없도록 노력하고 있다. 새벽 예배 후에는 남산헬스장에 가서 헬스운동을 한다. 헬스운동 중에 러닝머신 즉 걷기 운동하면서 스마트폰으로 동영상 설교를 매일 한 편씩 시청하고 있다. 평소 존경하는 서울 어느 교회 목사님의 설교를 들으면서 영적인 신앙을 다지고 있다. 하나님의 사랑과 말씀 안에서 자신의 신앙을 잘 다듬어간다는 생각을 하면서 살아가고 있다.

다음은 지방신문 칼럼니스트로 활동하면서 어느 정도의 독자층을 확보하고 있다는 것에 자부심을 갖고 있다. 필자의 글이 신문에 게재되면 꼭 읽어본다면서 감동적이고 용기 있는 글이라고 격려해주는 사람들이 있다. 정치와 사회현상, 지방자치행정 심지어 종교 문제 등의 주제로 한 글을 많이 썼다. 글의 성향은 신랄하면서 예리한 비판의 날을 세운 글이다. 그동안 자신이 쓴 글로 인해서 위협받는다든지 인간관계가 단절되는 등 심적인 어려움을 많이 겪기도 하였다. 필자의 글이 신문에 게재될 때마다 애독해주는 사람들이 있고 격려와 용기를 주는 사람들이 있기에 위안이 되고 글 쓰는 일에 보람을 느낀다.

다음은 본인의 학구열이다. 공주교대를 졸업하고 교직에 있으면서 방송통신대학교 교육학과, 청소년교육과를 졸업하였다. 충남대학교 교육대학원 석사과정을 마치기도 했다. 정년퇴임 후에 방송통신대학교 행정학과를 졸업하였고 지금은 국어국문학과 4학년에 재학 중이다. 방송통신대학교는 졸업률이 10%도 안 된다고 한다. 그렇게 졸업하기 어려운 대학이다. 가끔은 늦은 나이에 고생하면서 공부를 계속해야 되는지에 대한 회의감을 가질 때가 있다. 하지만 나이 먹어서 삶의 좌표를 잃은 사람처럼 무료하게 사는 것보다 훨씬 가치 있고 보람 있는 삶이라 생각한다.

어느 날 방송통신대학교 기말시험을 보고 오다가 면천에 있는 단골 이발소에 들렀다. 이발사가 어디 다녀오느냐는 물음에 통신대 시험 보고 온다고 했다. 그 얘기 속에는 자랑하고 싶은 자긍심이 깔려 있었는데 이발사의 반응은 딴판이었다. 배운 것을 널리 활용하지 않고 자신만의 욕구를 충족하기 위해서 배우는 것은 가치도 없고 의미도 없다면서 혹평하였다. 이발사의 얘기가 일리 있다는 생각을 하면서 내 자신이 부끄러운 생각을 가졌다.

이발사의 말이 백번 옳다는 생각을 되뇌며 신앙적인 경륜에서 얻은 체험적인 사랑과 믿음 그리고 세상적인 삶의 지혜와 지식이 충족되었다고 생각한다면 주위 사람들에게 베풀면서 살아야 한다는 것을 깨달았다. 그리고 결의를 다졌다. 하나님께서 80세의 모세에게 이스라엘 민족을 해방시키라는 명을 주셨을 때 그 사명을 감당했던 것처럼 이 시대에 절실한 사명과 감당할 수 있는 능력을 달라고 기도하면서 살아가고자 한다.

+ + +

0점짜리 인생도 축복하시는 하나님

지난주 1월 18일부터 1월 20일까지 2박 3일간 제38회 전국평신도동계수련회가 강원도 평창 한화리조트 휘닉스파크에서 개최되었다. 전국에서 1천 5백여 명의 평신도들이 운집한 성대한 수련회였다. 당진지방에서도 29명의 장로님들이 참석하였다. 금번 동계수련회의 주제는 '새롭게 변화되어 주님의 뜻 이루는 평신도'로 정하고 강사님들의 열띤 주장을 펼쳤다. 첫날 오후 2시에 개회예배를 드리면서 수련회 프로그램에 의해 3일간 진행되었다. 우리나라 감리교단의 수장인 전명구 감독회장님이 개회예배 설교를 하셨고 이어서 순서에 의해 전해지는 말씀은 전국에서 모여든 성도님들을 은혜의 도가니로 몰아넣기에 충분하였다. 감리교단에서는 물론 초교파적으로 지명도가 높은 목사님들의 설교 말씀은 참석한 평신도들의 마음을 움직였고 회개하고 다짐하는 시간을 갖게 하였다.

수련회의 주제가 말해주듯이 하나님의 뜻을 이루기 위해서는 우선 하나님께서 우리들에게 원하는 것이 무엇인지 알아야 한다고 강사님들은 주장하였다. 사랑, 믿음 그리고 겸손과 섬김 등 여러 가지를 생각할 수 있지만 감리교단이 날로 쇠퇴해져 가는 현실적인 문제와 연계해서 생각하면 영혼구원이 하나님의 뜻이고 그 뜻을 이루는 대안이 복음전도일 수밖에 없다고 강사님들은 이구동성으로 말씀하고 있다.

감독회장 전명구 목사님은 남선교회의 사명은 선교이며 이는 하나님의 명령이라고 강조했다. 60~70년대 가난하고 삶이 고단하여 힘들 때 우리는 목숨을 걸고 기도하였다. 기도원에서 또는 깊은 산속에서 기도하였고 부흥회가 개최되면 밤낮으로 참석하여 말씀을 듣고 밤새 부르짖어 기도하였다. 그 힘을 바탕으로 교회가 부흥되었고 가정이 축복을 받았으며 국가적으로는 세계 10위권에 드는 경제대국이 되어 전 세계인들이 부러워하는 나라가 되었다고 주장하였다.

영성훈련 시간 백용현 목사님(대전 한빛교회)은 전국적으로 교회 수가 감소하고 있으며 성도는 매년 20만 명 정도가 교회를 떠난다고 하면서 이 같은 위기를 축복의 기회로 만들어야 한다고 말씀하셨다. 대성전에서 매일 새벽과 저녁 시간에 성도들이 모여 기도 모임을 갖는데 이 집회들을 담임목사님이 인도하신다고 한다. '100년 기도하는 교회'가 한빛교회의 슬로건이라고 소개하였다. '기도하는 것이 축복이 아니고 기도할 수 있는 것이 축복'이란 모호한 설교 주제의 뜻을 성경말씀을 인용하여 풀어주었다. '구하라 그리하면 너희에게 주실 것이요 찾으라 그리하면 너희가 찾을 것이니라'(마 7:7)는 말씀은 하나님께서 기도하는 사람에게 역사하시는 축복을 뜻하고 하나님께서는 응답을 예비하고 계신다는 말씀이다. 설날 할아버지께서 세뱃돈을 준비하고 손주들이 세배하기를 기다리는 할아버지의 마음이 하나님의 마음이라고 하였다. 기도와 영혼구원 즉 복음전도는 어떤 의미이고 어떤 관계인가? 백용현 목사님은 한빛교회에 부임한 지 몇 개월 만에 500여 명을 복음전도한 물리적인 숫자로 기도를 통한 영혼구원 사례를 이야기했다.

동탄 신도시 시온감리교회 하근수 목사님의 '인생 좌우명'이란 주제의 설교는 인상적이고 감동적이었다. 당진에서 멀지 않은 안면도고등학교를 졸업하였고 신앙생활을 처음 시작한 곳이 안면도 제일감리교회라고 하였다. '하나님은 0점짜리 인생도 귀하게 사용하신다'면서 복사된 본인의 중학교 학적부를 빔프로젝터 스크린에 비춰주었다. 형편없는 교과 성적에 지능지수(IQ)는 84였다. 목사님의 학창 시절 이야기는 본받을 만한 학교생활이 아니었다. 아들 역시 고등학교를 졸업하고 수도권이 아닌 지방대학 몇 군데에 원서를 넣었지만 모두 떨어졌다. 자기 PR시대에 이처럼 자신의 부끄러운 치부를 드러내어 많은 사람 앞에 이야기할 수 있는 사람이 얼마나 될까 생각해봤다. 하지만 황무지에 교회를 개척하여 재적 성도가 2,500여 명에 이르고 지난해는 건축비 100억을 들여 교회를 건축했다고 하였다. 주일학교 유치부 원아 200여 명에 새벽 예배 300여 명 성도가 참석할 정도의 대형교회 담임목사로 성공한 모습을 자랑스럽게 말씀하셨다. 아들은 지방 삼류대학도 떨어졌는데 지금은 어엿하게 미국의 명문대라 일컫는 버클리대학에서 성악을 공부한다고 했다. 지방대학마저 떨어진 아들에게 좌절하지 말고 하나님께 기도하는 것을 권면했던 것처럼 '0점짜리 인생'이 하나님께 귀하게 쓰임 받는 것은 역시 기도의 끈을 놓지 않았기 때문이라고 주장했다.

그 외에도 교도소 소장으로 재직하고 있는 박효진 장로님의 신앙 간증은 정말 감동적이었다. 전두환 정권 시절 청송교도소에서 탈주범을 하나님 사랑의 품속으로 인도한 간증은 당시의 시대상황과 하나님의 능력을 체험적으로 보여준 간증이었다. 권오성 목사님(인천 큰빛교회)께서는 기도의 능력을 마귀에게 빼앗겨서 기도하지 않는다면 한국교회의 미래가 없다고 하면서 역시 기도생활의 중요성을 강조했다.

하나님의 뜻을 이루어가는 과정은 십자가의 길, 고난의 길이다. 고난의 길을 가면서 하나님께 간절히 기도하는 모습을 하나님께서 결코 외면하지 않는다는 강사님들의 말씀을 깨닫고 마음속에 새겼던 귀한 수련회 기간이었다. "구하는 이마다 받을 것이요 찾는 이는 찾아낼 것이요 두드리는 이에게는 열릴 것이니라"(누 7:8)는 말씀을 되뇌어본다. 할아버지가 세뱃돈을 준비하고 손자 손녀를 기다리는 것처럼 하나님께서는 기도에 응답하실 것을 예비하고 계심을 믿는 것이다. 하나님께서는 기도를 통해서 간구하는 것들을 채워주심은 물론 세상에서 하나님을 모르고 방황하는 영혼들을 구원하는 문제도 기도를 통해서 이루어진다는 사실을 이번 평신도수련회를 통해서 다시 한번 각인시킬 수 있었다.

+ + +

광복절 조찬기도회

광복절은 36년간의 일제강점기에서 벗어나 우리 민족의 해방을 기념하는 날이다. 일본제국주의가 한반도를 식민지화한 과정과 암흑기의 참상은 민족적인 질곡이었고 수치였다. 청일전쟁과 러일전쟁에서 승리한 일본은 영국과 미국의 지지하에 한국의 식민지화 방침에 힘을 얻게 된다. 한반도에 군대를 파견함으로써 침략 야욕을 노골적으로 드러내기도 하였다.

일제는 당시 총리대신이었던 이완용에게 한일합병조약안을 제시하고 수락할 것을 강요하여 1910년 8월 22일 합병조약이 체결됨으로써 한국은 암흑의 일제강점기 36년간을 맞이하게 된다. 일본제국주의 식민정책은 사회 · 경제적 수탈뿐만 아니라 한민족을 말살, 소멸시켜서 천민신분으로 만들기 위한 목적으로 악랄한 정책을 집행하였다. 제국주의 식민정책 중에서도 일제의 한국민족에 대한 식민지정책은 가장 폭압적이고 무단적이었으며 가장 악랄했다고 말한다. 그러나 일제강점기 한국민족의 항일 독립운동은 전 세계 약소민족들에게 모범이 될 만큼 완강하고 줄기차게 전개되었다. 이 때문에 일제의 한민족 말살정책은 실패하였으며, 사회 · 경제적 수탈정책도 그들이 원하는 목표를 달성하지 못하였다.

민족 지도자들은 일제강점기에 식민지 정책으로부터 민족을 보위하고 조국의 광복과 독립을 쟁취하기 위해 영웅적 투쟁을 전개하였다. 우리 선열들의 독립운동과 연합군의 승전으로 마침내 한반도에 광복을 맞이하게 된 것이다.

광복절은 우리 민족에 어떤 의미인가? 광복절을 맞이하는 우리 민족은 무엇을 깨닫고 어떤 다짐을 해야 하나? 지난 8월 15일에 제73회 광복절 기념일을 맞이했다. 예년처럼 당진시청 대강당에서 당진시성시화운동본부 주최로 조찬기도회를 가졌다. 참석하고 느낀 소회를 몇 가지 피력해보고자 한다. 물론 열거하는 내용은 미흡하고 아쉬운 점, 건의하고 싶은 내용들이다.

광복절 조찬기도회에서 기도의 제목은 '구국'이라는 명제에 집중된 기도여야 한다. 그리고 일제강점기, 동족상잔의 비극 등 불행한 역사 가운데서도 하나님의 은혜로 대한민국이 이만큼 성장하고 발전한 것에 감사하는 기도여야 한다. 앞으로 하나님의 계획이 차질 없이 펼쳐져 하나님 영광이 드리우는 대한민국을 위해서 기도해야 한다.

말씀을 전한다면 설교의 내용은 광복의 진정한 의미를 기독교적인 안목에서 새겨봐야 한다. 일제강점기에 그 혹독한 탄압 속에서도 굴하지 않고 독립을 쟁취하기 위해 목숨을 초개와 같이 버렸던 신앙 선배들의 숭고한 정신을 조명해야 한다. 대한민국에 대한 하나님의 비전은 무엇인지 규명하고 그리스도인들의 애국적 사명은 무엇인지 인식하도록 하는 설교여야 한다.

당진시성시화운동본부의 주관으로 진행되는 행사는 당진시민의 복음화에 초점을 맞추어야 한다. 성경에 의하면 세상 사람들은 사탄의 백성이다. 사탄을 섬기며 사탄의 의도대로 살아간다. 이러한 사람들이 하나님의 백성으로 회복되어야 한다. 성시화의 시작은 여기에 있다. 성시화는 시민들의 복음화를 토대로 한다. 본 행사의 초청 대상은 목회자, 장로 그리고 교회 직분자들보다는 아직 하나님을 영접하지 못한 세상 사람들이어야 한다. 그들의 영혼을 구할 사명이 우리들에게 있다면 그 명령을 수행해야 한다. 행사 때마다 권력을 가진 정치인들이 줄을 이어 단상에 올라간다. 하나님 보시기에 합당한 모습인지, 존귀하신 하나님의 영광을 가리는 일은 아닌지 생각해봐야 한다. 하나님의 종들이 권력에 아부하는 것은 아닌지도 말씀에 비춰봐야 한다.

광복절의 역사적 배경과 당진시성시화운동본부주최 조찬기도회 참석 소회를 두서없이 피력하였다. 하나님의 이름을 내세운 행사는 하나님의 뜻에 부합해야 한다. 그리고 당진시를 성시화하기 위해 기도하고 실천할 때 하나님께서 일하신다는 믿음이 중요하다. 앞으로 당진시성시화운동본부가 주관하는 행사를 통해서 흐뭇하게 흠향하시는 하나님의 모습을 그려본다.

+ + +

교회의 세속적인 모습

교회 역사상 종교개혁은 16세기 중세에 로마 가톨릭에서 발생한 신앙개혁 운동이다. 당시 로마교황 레오10세는 성당을 건축하는 비용으로 쓰기 위해 면제부라는 것을 신도들에게 발매하였다. 면제부는 죄를 면해주거나 감해주는 증명서이다. 다시 말해서 면제부는 천국에 갈 수 있는 티켓이라고 할 수 있다. 이에 맞서 독일의 신학자인 마틴 루터가 교회의 부정부패와 면제부 발매의 부당성을 비판하는 반박문을 발표하였다. 시민들과 농민들이 합세하여 마틴 루터를 지지하면서 종교개혁 운동이 유럽 전역에 번지게 되었다. 종교개혁이 성공하면서 가톨릭교는 구교와 신교로 나뉘었는데 구교는 지금의 천주교이고 신교는 개신교 즉 기독교인 것이다.

요즘 개신교의 대형교회 세습에 대해서 가끔 언론에 비쳐지고 있다. 얼마 전에 서울 강남에 있는 충현교회 설립자 김창인 원로목사가 아들에게 교회를 물려준 세습에 대해서 참회한다는 뜻을 밝히면서 세간에 화제가 되고 있다. 사실 충현교회 김창인 목사의 세습을 계기로 서울에 있는 대형교회들의 세습이 만연하게 되었던 것이다. 얼마 전 감리교단에서 혁명적인 개혁을 주장이라도 하듯이 세습방지를 법제화하자는 성명을 발표하였다.

타 교단은 물론 언론에서도 용기 있는 결단이라며 환영하였다. 하지만 서울의 감리교단을 대표하는 몇몇 대형교회들은 이미 세습을 단행하였고 아버지 목사님은 원로목사의 권좌에서 대기업 회장을 방불케 하는 영화를 누리고 있는 것이다. 세습방지법이 이미 세습을 단행한 교회에도 소급 적용되어야 한다고 주장하는 사람도 있지만 씨가 먹히지 않는 말이다.

루터의 개혁운동과 같이 우리나라 개신교단의 부정과 세습에 대하여 외롭게 투쟁하고 있는 목사님이 있다. 이분은 '한국 교회의 세습은 교회와 기독교를 망치는 역병'이라고 하면서 교회 세습 반대운동을 펼쳐왔던 것이다. 목사님은 교회를 개척하여 교인 4,000여 명의 대형교회를 이루었지만 담임목사직을 미련 없이 사임하고 다시 새로운 교회 개척에 나섰다. 개척한 교회가 '높은뜻숭의교회'이다. 그분이 바로 개신교단에서 존경받고 있는 김동호 목사님이다. '높은뜻숭의교회'는 2001년 숭의여고 강당을 빌려서 예배를 드리기 시작하였는데 출석교인이 5,000여 명 정도 되면서 다시 교회를 해체하고 4개로 분리하여 4명의 목사에게 맡겼다. 김동호 목사님은 교회의 화려한 건축에 대해서 비판적이기도 하다. 수백억 원의 건축헌금이 있지만 교회 건축보다는 불우한 청소년이나 지체가 부자유한 장애인, 탈북자들의 자활 기반을 위해서 쓰고 있다는 것이다. 하나님을 믿는 성도들은 이런 훌륭한 지도자가 있기에 한국 교회의 희망을 생각하며 신앙의 끈을 놓지 않고 있다.

현재 우리나라에 6만여 개신교 교회가 있다. 이렇게 많은 교회가 세워졌지만 80% 이상이 미자립 교회로 재정난에 어려움을 겪고 있다고 한다. 이는 패권주의 사고를 갖고 있는 지역의 대형교회 영향이 크다고 할 수 있다. 다단계 조직망 같은 전도요원들은 저인망 어선이 싹쓸이하듯이 전도활동을 하여 주변 중소형 교회를 어렵게 하고 있다. 사업이나 장사를 하는 사람들이 지역의 대형교회를 선호하는 것도 원인이라 할 수 있다. 이 사람들이 왜 대형교회를 선호하는지는 언급하지 않겠다. 세속적인 삶의 모습이 교회로 옮겨지고 있다. 십자가 정신이나 선교적 사명을 감당하는 교회와는 다른 모습으로 물들어가고 있는 것이다.

지방의 영세 중소형 교회 중에는 담임목사가 다른 교회로 옮기면서 후임 목사와 모종의 밀거래하는 것도 교회 부흥의 저해요인이 되고 있다. 이 같은 현상이 성경 말씀과 상관없이 보편화되고 있는 것 같다. 교인들의 의사에 반하여 담임목사가 바뀌면서 신앙적인 갈등으로 교회가 분열되고 지역 복음화의 발목을 잡는 원인이 되고 있는 것이다.

교회라는 성스러운 영역에서 하나님의 말씀이 아닌 인간적인 모습으로 합리화되는 것 같아서 안타까운 생각이다. 교회는 지역사회와 격리되어서도 안 되지만 세속적인 모습을 닮아가서도 안 된다. 교회는 사회적인 규범을 수용하면서 더불어 살아가야 함은 물론 지역사회에서 선도적인 사명을 갖고 하나님의 사랑과 정의가 넘치는 세상을 만들어가야 한다.

+ + +

고맙습니다, 사랑하세요

— 김수환 추기경의 선종을 애도하면서

내가 언제부터 지방 언론계에서 유명 논객이 됐는지 모르겠다. 어느 신문사에서 요즘 교육계를 무기력하게 만들고 있는 평가문제에 대해서 글을 써달라는 제의를 받았다. 평가에 대한 글을 쓴다는 것은 지상에서 떠들고 있는 관련 언론을 언급함은 물론 심오한 교육적 이론이 앞서야 한다는 생각이고 내 분수에 맞지 않는 것 같아서 정중히 사양했다.

솔직히 말해서 한 달에 한 번 돌아오는 당진시론 게재 글 쓰는 것도 많은 고민을 하면서 쓰고 있다. 주제를 정하고 정해진 주제를 현실상황에 맞게 접근해서 독자들의 공감을 불러일으킨다는 것은 정말 어려운 일인 것 같다.

이번에는 며칠 전에 국민의 애도 속에 교황장으로 장례 절차를 마친 김수환 추기경에 대한 글을 써볼까 하고 인터넷을 뒤적거리고 신문의 관련 기사를 탐독해봤지만 아웃라인이 잡히질 않는다.

젊었을 때도 머리가 명석하다는 얘기를 못 들어봤지만 나이가 들면서 건망증이 심해지는 것 같다. 언젠가부터 살아가면서 지나쳐서는 안 될 생각이 떠오를 때마다 적을 수 있는 메모지를 책상 위에 준비해놓았다. 어떤 생각이 떠올라 적으려고 펜을 드는 순간 그 생각을 잊어버려 적지 못하는 중증의 건망증을 갖고 있다. 건망증이 심해지면 치매로 이어진다는데 걱정이다.

사실 수집한 자료를 체계적으로 정리도 안 되어 있고 서두를 어떻게 시작해서 마무리 지어야 할지도 구상하지 못했다. 역시 머릿속에 입력된 자료를 체계 있게 정리하지 못함은 중증의 건망증 탓이 아닌가 생각한다. 김수환 추기경의 소년시절도 상당한 자료를 수집했지만 지면 관계로 여기에서는 생략하려고 한다.

김수환 추기경은 분명 이 시대의 선각자이었고 지도자였으며 예수님의 사랑을 실천한 신앙인이었다. 암울했던 1970, 1980년대 구국의 일념으로 민주화를 이루기 위해 군사정권에 맞서 일어섰던 젊은이들에게는 하늘에 반짝이는 별과 같았다. 살기등등한 진압군 앞에서 나를 밟고 넘지 않고는 학생들을 진압할 수 없다고 했던 추기경의 모습은 세상 사람들을 위해 나 자신을 온전히 내놓은 예수님의 모습이었고 그 사랑을 실천한 이 시대 성자의 모습이었다.

엄동설한에도 3시간씩 줄을 지어 기다리는 추모행렬을 언론에서는 '명동의 기적'이라고 표현하고 있다. '명동의 기적'은 추기경이 운명하시면서 남기고 간 '사랑하세요'란 고별사에서 명동성당을 찾은 40만을 넘어온 국민의 마음으로 사랑의 불이 지펴진 것이다. 각막을 기증하겠다는 사람들이 30배로 급증하는가 하면 미혼모 아이를 입양하겠다는 사람, 장기를 기증하겠다는 사람, 장학재단에 기부하겠다는 사람까지 사랑의 불꽃이 여기저기에서 타오르기 시작한 것이다. 김수환 추기경의 선종을 계기로 사랑과 희생, 봉사와 화해의 메시지가 우리 사회 구석구석으로 퍼져나가고 있는 것이다. 무엇보다도 당리당략의 대결구도로 국민들을 뒷전으로 생각하는 정치인들에게 화해와 협력의 마음을 불러일으켰으면 좋겠다. 경제 위기 속에서 좌절하는 젊은이들과 고통받고 있는 소외계층을 다시 일으켜 세우는 희망과 용기가 되어야 한다는 간절한 바람이다.

우리가 추기경처럼 살아가는 그 정신을 실천하기 위해서는 노력하는 것이 필요하다. 추기경이 남긴 사랑의 메시지가 대한민국의 고질적인 병폐가 치유되는 축복으로 이어지길 기원한다.

+ + +

신(神)의 징벌

우리와 일본의 관계는 참으로 악연(惡緣)이다. 원래 민족과 영토와 문화적 충돌의 소지를 안고 있는 이웃 나라끼리 서로 관계가 좋을 리 없다지만 일본과의 관계는 그 정도를 넘어 참담하고 비극적이다. 1910년 조선합방 후 우리의 주권, 말과 글, 성(姓)과 이름, 고유 전통과 문화를 송두리째 빼앗고 없애버린 잔인한 나라가 바로 일본이다. 일본은 우리를 통째로 말살한 살국(殺國)의 나라다.

구한말 청일전쟁에서 주도권을 잡은 일본은 열강들의 힘겨루기에 활로를 모색하던 우리의 외교정책에 위기감을 느껴 명성황후를 살해하여 불태워버렸고 한일합방으로 고종황제의 실질적 통치권을 박탈하였다. 이후 고종황제의 독립의지가 대외적인 간섭을 불러오자 1919년 1월 독살하는 만행까지 서슴지 않았다. 동년 3 · 1 독립항쟁이 전국적으로 번지면서 일본군은 무차별 총기난사와 투옥 및 학살을 자행하였다. 1943년 진주만폭격을 감행하였고 선전포고도 없이 태평양전쟁을 일으키면서 우리 동포 수백만이 일본강제징용과 학도병징집 및 일본군위안부 징발 등 전쟁노예로 끌려가 억울하게 희생되었다.

'김진' 중앙일보 논설위원은 '아베, 마루타의 복수를 잊었나'라는 제목의 칼럼(2013.5.20. 중앙일보 게재)에서 제2차 세계대전이 막바지로 치닫던 무렵 독일 드레스덴이 불바다가 되고 일본의 히로시마와 나가사키에 원자폭탄이 떨어진 것은 신의 징벌이자 인간의 복수라고 하여 일본열도를 술렁이게 하였다.

독일의 히틀러는 나치의 힘을 자신에게 집중시키기 위해 유태인을 공공의 적으로 삼고 아우슈비츠 수용소에서 100여만 명의 유태인을 학살하였다. 드레스덴 공습 25년 후 브란트 서독 총리는 폴란드 아우슈비츠 수용소에 있는 유태인 추모비 앞에서 무릎을 꿇었다. 그 후에도 독일 대통령과 총리는 기회 있을 때마다 사죄하고 용서를 구했다. 독일 검찰은 당시 아우슈비츠 교도관을 지낸 90세 남성을 체포하여 처형하기도 하였다.

그런데 일본의 역사 인식은 다르다. 아베 내각 출범 1주년 기념일을 맞아 아베 총리는 태평양전쟁의 A급 전범 14명을 포함해 각종 전쟁에서 숨진 246만 6,000명이 합사된 야스쿠니신사를 참배했다. 참배를 마친 후 아베는 "일본을 위해 귀중한 생명을 희생한 영령에게 존숭(尊崇)의 뜻을 표했다"고 말했다. 일본의 침략 전쟁으로 씻을 수 없는 상처를 입은 주변국과 국제사회의 반대와 만류에도 불구하고 야스쿠니 참배를 강행한 것이다.

그뿐 아니라 일제 시절 위안부의 강제동원과 일본군과 관헌의 개입을 인정한 고노담화가 나온 지 20년이 된 지금, 당시 정부의 통일된 견해가 아니었다면서 고노담화 내용을 재검증해야 한다고 하였다. 사실상 고노담화를 부정하고 있는 것이다. 위안부는 일본 제국주의 점령기에 일본군 위안소로 끌려가 성노예 생활을 강요당한 여성들이다. 한국, 중국, 필리핀, 인도네시아 등 여러 나라 여성들이 강제로 동원되었으며, 당시 일본의 식민지였던 한국 여성들이 가장 많았다고 한다.

또 우려하는 것은 일본 정부가 교과서를 통해 '한국의 독도 불법 점령' 주장을 대폭 강화하고 있다는 것이다. 일본 문부과학성은 교과용 도서 검정 조사심의회를 열고 '일본 고유의 영토인 다케시마(竹島—독도)를 한국이 불법으로 점령했다'는 내용이 담긴 초등학교 5~6학년 사회과 교과서 4종을 모두 통과시켰다. 이번 교과서 검정 통과는 엄연한 대한민국 영토인 독도를 분쟁지역화 하겠다는 아베 내각의 속셈을 드러낸 것으로 볼 수밖에 없다. 어린 학생들에게 한국에 대한 반감을 키우고, 독도가 '반드시 되찾아야 할 땅'이란 잘못된 인식을 심어주게 될 것이다.

김진 중앙일보 논설의원은 "아베 일본 총리를 비롯한 극우 단체들의 역사관을 어떻게 갖느냐는 그들의 자유이다. 하지만 신에게도 자유가 있다"고 하였다. 조국의 독립을 위해 목숨을 초개(草芥)와 같이 버렸던 애국지사들, 일본강제징용과 학도병징집 및 일본군위안부 징발 등 전쟁노예로 끌려가 억울하게 희생된 우리 동포들의 원혼(冤魂)이 아직 풀리지 않았다. 그래서 일본에 대한 불벼락이 부족하다고 판단하는 것도 신의 자유일 것이다.

✢ ✢ ✢

실로암의 기적(奇蹟)

성경에 나오는 실로암은 예루살렘 동남부에 있는 샘 이름이다. 유다 히스기야 왕 때 예루살렘이 앗수루의 공격을 대비해서 성 밖에 있는 기혼샘에서 터널(물길)을 만들어 성벽 안으로 물을 끌어들여 만든 샘이다. 적의 공격을 피할 수 없는 위치에서 예루살렘 성 안에 살고 있는 사람들이 안전하게 먹을 수 있도록 만들어진 샘인 것이다.

요한복음 9장에 바로 이 실로암에서 예수님께서 기적을 행한 말씀이 언급되고 있다. 내용을 요약하면 예수님께서 길을 가시다가 맹인을 만나셨다. 이 맹인은 태어날 때부터 앞을 못 보는 사람이었다. 이 사람이 맹인된 것은 자신의 죄 때문인가 아니면 부모의 죄 때문인가를 제자들이 물었을 때 예수님은 "하나님이 하시는 일을 그 사람의 생애를 통해 나타내려 하심이라"고 말씀하셨다. 이 사람이 맹인으로 태어난 것은 하나님의 계획이었고 하나님의 영광을 나타내기 위함이라고 말씀하신 것이다. 예수님은 진흙을 맹인의 눈에 발라주고 실로암에 가서 씻으라고 하셨다. 맹인은 예수님의 말씀에 순종하여 실로암에 가서 눈을 씻으니 눈이 떠져 앞을 보게 된 것이다.

일제강점기에서 해방되어 나라를 되찾은 여명기에 어느 목사님의 사재(私財)로 대여섯 칸 목조건물을 지어 창립한 천의감리교회는 60여 년의 전통 있는 하나님의 전(殿)이고 지역 복음화에 기여한 구원의 방주이다. 지금까지 이어져 온 교회사는 파란만장(波瀾萬丈)하기도 하였다. 교인들이 두 파로 나뉘어 좁은 지역에서 또 하나의 교회가 건립되었는가 하면 목회자의 방만한 교회 운영으로 많은 성도들이 교회를 떠나는 아픔을 겪기도 하였다.

2003년도에 노장호 목사님이 부임하면서 실족했던 성도들, 하나님을 모르고 살았던 성도들이 운집(雲集)하면서 부흥의 불길이 타오르기 시작했다. 노 목사님께서는 열악한 시설환경 개선과 늘어나는 교인을 수용하기 위해서 교회 신축 계획을 세우고 이를 추진하였다. 정미면 천의리에 거주하는 박영일 집사가 600여 평의 토지를 기증한 것이 계기가 되어 인접한 땅 1,800여 평을 확보하게 되었다. 건축에 소요되는 예산확보의 어려움으로 반대 여론도 만만치 않았지만 지하 1층, 지상 3층의 연건평 460평의 성전을 건축하고 2009년 1월 4일 입당예배를 드리게 되었다. 교회 건축은 하나님의 뜻이고 계획이었다. 모든 성도가 하나 되어 그 대업(大業)을 이룬다는 긍지와 자부심을 가졌던 것이다. 이같이 웅장하고 아름다운 성전이 건립되기까지 역경의 과정도 있었지만 모든 성도들은 가슴 뿌듯함을 느끼면서 하나님의 뜻을 우리가 이루었다는 자부심으로 감사드리고 있다. 사랑과 성령이 충만한 교회, 모든 성도가 행복한 마음으로 하나님을 섬기는 교회 공동체가 된 것이다.

그런데 어느 날 뜻밖의 충격적인 소식으로 온 교인들이 침통한 분위기에 빠지게 되었다. 그동안 목자의 사명을 감당하기 위해 헌신하셨던 담임목사님께서 현대 의술로 고치기 어렵다는 췌장암 진단을 받으신 것이다. 현실로 받아들이기 어려운 성도들은 아연(啞然)할 수밖에 없었다. 그러나 양들이 목자를 위해서 할 수 있는 것은 간절한 기도를 통해서 하나님의 능력을 간구하는 것이었다. 수술을 통해서만 한 가닥 희망을 걸을 수 있다는 담당 의사의 말을 거절하고 목사님께서는 결연한 의지를 밝히셨다. 말씀에 순종한 맹인을 실로암에서 눈을 뜨게 한 예수님, 그분을 믿고 의지하겠다는 뜻을 밝힌 것이다. 새벽 예배 시간에 부르짖어 기도하는 성도들이 늘어나고 목사님의 쾌유를 위해 온 성도들이 합심하여 기도의 끈에 매달리고 있다. 실로암까지 가시는 여정이 견딜 수 없는 고난의 길이어도 성도들 앞에 내색하지 않으시고 묵묵히 걸으시는 목사님의 모습을 믿음으로 지켜보지만 세상적인 안타까움도 숨길 수 없는 것이 성도들의 마음이다. 얼마 전 건강상의 이유로 새벽 예배를 인도하지 못하셨다. 며칠 후 건강 수치가 정상으로 돌아오면서 요즘은 예전처럼 새벽제단에서 열정적으로 말씀을 증거하고 계신다. 호전되고 있는 목사님의 모습을 통해서 성도들은 예수님의 실로암 기적을 믿고 체험하고 있는 것이다. 그리고 하나님의 계획을 깨닫고 있다. "이 사람이 맹인이 된 것은 자신과 부모의 죄 때문이 아니고 하나님의 계획을 나타내고자 하심이라"는 예수님의 말씀을 천의교회 성도들은 믿고 하나님께 감사드리고 있는 것이다. 병원 담당의사도 정상을 되찾아가는 목사님의 건강 수치에 놀라움을 금치 못한다고 한다.

예수님의 말씀에 순종해서 실로암에서 눈을 뜬 맹인처럼 그곳을 향해 걸어가시는 목사님을 통해서 기도의 능력을 깨닫고 하나님의 기적을 믿음으로 받아들이는 천의교회 성도들은 하나님의 은총 가운데 행복한 신앙을 가꾸어가고 있다.

+ + +

천당과 지옥

우리가 살고 있는 사회에서 법을 알고 이와 관련된 업(業)에 종사하면서 이를 최대한 악용하면서 살아가고 있는 사람들이 유행처럼 번지고 있다. 법을 악용하면서 많은 사람에게 억울한 누명을 씌우고 씻을 수 없는 한을 남기고 있다. 또한 국가와 민족을 우롱하고 건국이념을 부정하면서 헌정 질서를 무너뜨리는 정치인들도 있다. 몇 가지 사례를 통해서 필자의 소견을 피력해보고자 한다.

법을 악용한 첫 번째 사례는 남편이 변호사인 어느 부인의 억울한 하소연이다. 어느 날 우연히 남편의 전자메일을 보게 되었다. 남편의 전자메일에서 어느 여자와 편지를 주고받는 내용을 보았다. 그 여자는 얼마 전 남편을 여읜 같은 아파트 단지 내에 살고 있는 과부였다. 전자메일에서 둘은 헤어질 수 없는 뜨거운 관계임을 짐작할 수 있었다. 청천벽력(靑天霹靂) 같은 사실을 알게 된 것이다. 남편은 기어이 그녀와 동거하기에 이른다. 초등학교에 다니는 아들에겐 비밀에 부쳤지만 남편의 빈자리는 컸다. 남편은 다행히 일 년도 채 되지 않아 그녀와의 관계를 정리하고 돌아왔다. 그러나 외도는 그칠 줄 몰랐다. 남편은 이혼을 의도하고 부인을 괴롭혔다. 전자메일을 자신의 허락 없이 열어봤다며 고소하였고 장인 회사에서 일하는 처남의 '전횡(專橫)'을 고발한다며 내용증명을 보내고 국세청에 탈세신고도 하였다. 온 가족이 검찰청을 오가면서 고초를 겪었지만 아내에게 죄가 있다면 변호사와 결혼한 죄밖에 없었다. 위의 이야기는 남편이 법을 악용하면서 아내와 그 친정 가족을 괴롭힌 사례이다.

요즘 언론에 회자(膾炙)되고 있는 또 다른 사례는 채동욱 검찰총장과 연루된 사건이다. 이 사건 내용은 고위 공직자인 그가 혼외 아들을 두었다고 조선일보가 보도하면서 밝혀지게 된다. 보도내용은 상당한 혐의 사실이 있는 것 같고 그것이 사실이라면 삼척동자도 그 죄과를 판단하기 어렵지 않을 것 같다. 검찰의 최고 수장인 검찰총장은 법을 악용하면서 국민을 안하무인(眼下無人)으로 생각하는 것 같다. 검찰은 사회 정의를 지키는 마지막 보루(堡壘)이다. 잘못을 저지른 사람들을 법정에 세울 수 있는 조직은 검찰밖에 없다. 그래서 검찰이 준엄함을 보이자면 바르고 깨끗하고 정의로워야 한다. 언론이 사실을 왜곡하고 있는지 모르지만 앞으로 감찰(監察)과 관련한 법정 공방이 주목되고 있다.

다음은 내란음모 혐의를 받고 있는 국회의원 이석기와 연루된 사건이다. 내란음모와 국가보안법상 찬양, 고무, 이적동조(利敵同調) 등의 혐의를 받고 있다. 이석기 의원을 비롯한 종북 세력들은 대한민국의 건국 자체를 인정하지 않고 역사를 왜곡하고 있다. 이들은 8 · 15 해방 이후 미군은 점령군, 소련군은 해방군, 이승만 정권은 친일파로 매도하고 대한민국의 건국이념을 부정하고 있는 것이다. 국회에서 체포동의안이 가결되면서 국정원과 검찰에 송치되어 조사를 받았지만 묵비권을 행사하면서 수사에 협조하지 않았다. 북한에서 애국인사들이라고 칭송되는 이들이 법정에서 행적 전모가 명쾌하게 밝혀져 준엄한 법의 심판을 받게 될지 국민들은 지켜보고 있는 것이다.

나는 새도 떨어뜨린다는 검찰총장직에 있으면서 법을 악용하고 국민을 우롱하는 듯한 처신은 국민을 분개하게 하고 있다. 국회의원의 신분으로 내란음모라는 반역죄로 검찰에 송치된 이석기 의원은 대한민국을 자랑스럽게 생각하는 많은 국민의 가슴에 대못을 박았다. 이들의 죄과는 아직 밝혀지지 않았지만 언론에 회자되는 것들이 사실로 드러난다면 상응한 벌을 받으리라 믿는다.

석가모니는 사람이 세상 살아가는 것을 고행(苦行)이라고 하였다. 하지만 고행 속에서도 행복을 추구하면서 살아가는 것이 인간의 삶이다.

지난 주간에는 필자가 섬기는 교회에서 부흥성회(復興聖會)를 개최하였다. 부흥강사님의 설교 주제는 '천국과 지옥'으로 현장감 있는 설교로 성도들을 감동의 도가니로 빠지게 하였다. 강사님은 천국을 여섯 번 다녀왔다고 하였다. 언뜻 듣기에는 허황되고 기만적인 얘기라 할 수 있지만 하나님 말씀을 근거로 전하는 하나님 나라는 믿음이 가는 진솔함이 있고 실제 하늘나라에서 체험하는 듯한 현장감을 느낄 수 있었다. 강사님의 저서 『뷰티풀 천국 쇼킹 지옥』에는 더욱 구체적인 천국과 지옥이 그려지고 있었다.

천국에서의 삶은 천 년이 하루 같다고 하였다. 이 세상에서 백 년도 못 사는 것이 사람의 삶이다. 인간의 생애가 천국에서 한나절거리도 안 되는 것이다. 이렇게 짧은 인생을 살아가면서 주위 사람들을 괴롭히고 법을 악용하여 죄를 범하는 일이 없어야 한다. 특히 고위직 공무원이나 국회의원의 신분으로 국가와 민족을 반역하고 국민들의 가슴에 대못을 박는 죄를 범해서는 더욱 안 된다.

짧은 인생을 죄 가운데 허우적거리며 산다면 삶의 가치를 논할 수 없다. 천국의 길, 영생의 길을 예수님의 구속의 은총 가운데서 찾아가길 간절한 마음으로 권하면서 글을 맺는다.

+ + +

교단의 부끄러운 민낯

엊그제 일처럼 느껴지는데 벌써 30여 년의 세월이 흘렀다. 1984년 1월 1일이 일요일이었다. 한 해가 시작되는 첫날 하나님을 영접하기로 작정하고 교회에 첫발을 디뎠다. 새로운 삶의 전환점을 만들기 위한 각오로 신앙을 생각했던 것 같다. 짧지 않은 삶의 여정이 파란만장했던 것처럼 신앙의 길도 순탄치 않았다. 순탄치 못했던 신앙 문제는 필자의 프라이버시(privacy)이기에 지면을 할애하지 않겠다. 하나님 앞에 떳떳하지 못한 부끄러운 삶이었지만 하나님께서 지금까지 붙들어주시고 동행하여주심을 항상 감사드리며 살아가고 있다.

신앙의 경륜을 쌓으면서 사명 감당을 위한 열정을 갖게 된다. 필자의 블로그 프로필 난에 신앙에 대한 소견을 이렇게 썼다. "감리교 장로 직분을 갖고 있다. 신앙 경력은 30년이다. 그동안 하나님께서 인정하고 사랑받는 자녀가 되기 위해 노력하면서 살아왔다. 주변에 하나님의 뜻을 분별하지 못하는 위선적인 그리스도인들이 많은 것 같아 안타깝게 생각한다." 하나님의 뜻과 위선적인 모습을 필자가 판단하는 것은 경솔한 생각임을 알고 있다. 사람을 판단하는 것은 하나님의 소관이기 때문이다.

지난달에 3박 4일 일정으로 옛 신라의 고도 경주에서 전국 평신도 지도자 수련회가 있었다. 우리 지방 30여 명의 장로님들 일행과 함께 참석하였다. 우리나라 기독교 교단에 내로라하는 목사님들의 감동적인 말씀과 신앙 간증 등 영성훈련을 위한 각종 프로그램은 참석한 장로님들의 사명감을 다지기에 충분하였다.

'한국 감리교회의 새길'이란 주제의 포럼 시간에는 세 분의 출연자들이 세상에 알려진 교단 지도자들의 부끄러운 민낯을 그대로 얘기하면서 개혁 방안을 제시하기도 하였다. 16세기의 종교개혁은 면제부 판매, 성직 매매, 성직자의 불륜과 도덕적 타락 등으로 인해서 일으킨 종교혁명이었다. 출연자들은 16세기의 시대적 배경과 지금 기독교 교단에서 벌어지고 있는 각종 부정과 비리, 불륜 등의 상황과 같다는 뜻으로 이구동성 열변을 토하였다.

대한민국에서 가장 큰 교회, 세계적으로도 그 위용을 자랑하고 있는 교회다. 그런 초대형 교회의 목사님이 얼마 전 거액 횡령, 내연 관계 등의 비리 의혹으로 언론에 보도되었다. 교회 재정 5백여억 원을 출연하여 공익법인 재단을 만들고 부인과 장남을 대표이사 자리에 앉혔다고 한다. 불륜 관계를 무마하기 위해서 내연녀에게 15억 원을 주어 입막음하기도 했다. 담임목사와 아들이 저지른 교회 재정의 횡령액은 수천억에 달한다고 언론은 보도하고 있다.

우리 지방의 모 교회도 교회부지 매입 과정에서 담임목사의 비리 의혹을 그 교회 소속 장로님이 법원에 고소했던 사건이 있었다. 1, 2심을 거쳐 대법원까지 갔다. 담임목사와 장로 한 분의 치열한 법정공방이었다. 결국 대법원은 담임목사의 손을 들어줬다. 외롭게 투쟁했던 장로님은 장로 직분이 박탈되었고 이후 지병이 악화되어 사경을 헤맨다고 한다. 담임목사를 동조했던 장로님들은 인과응보(因果應報)라며 하나님의 뜻인 것처럼 얘기하고 있다. 최종심 판결에서 승소했다고 만족해야 될 일은 아닌 것 같다. 지각 있는 교인들이 이탈하고 있고 사건의 전모가 세상에 비쳐지면서 사람들의 입에 어떻게 회자되는지 깨달아야 한다.

우리 지방도 미자립교회가 많다. 전국적으로는 70%가 미자립교회라고 한다. 미자립 개척교회들이 결국 문을 닫는 것은 대형교회들의 타락과 목회자들의 비리로 기독교 이미지가 극도로 나빠진 데 원인이 있다고 말하기도 한다.

수원중앙침례교회 원로목사인 김장환 목사님은 "종교가 부패하고 분열하면 나라가 어지러워진다. 훌륭한 종교 지도자가 나와야 신도들이 인격적으로 성숙해지고 나라가 안정적으로 발전할 수 있다"고 하면서 종교 지도자들의 자질을 높여야 한다고 역설하고 있다.

+ + +

자포자기(自暴自棄) 그리고 자살(自殺)

지난주 월요일 애국조회 시간에 학생들한테 얘기했던 훈화 내용이다. 여기에 거명되는 이름은 실제 사례임을 부각하기 위해서 가명이라고 했다.

초등학교 6학년 학생이고 이름은 민규라는 학생이다. 민규의 학교 성적은 꼴지에 가까운 바닥권이었다. 이 같은 학교 성적으로 인해서 친구들의 따돌림과 부끄러운 자식으로 생각하는 부모님의 결핍된 사랑으로 삭막한 삶을 살아가는 민규는 심적인 고통을 감내하지 못하고 자살을 생각하게 된다. 자신의 존재 가치를 부정하는 것이다. 민규는 자살을 결심하고 집에서 멀지 않은 해변가 절벽이 있는 산에 올랐다. 파도가 일렁이는 바닷물을 내려다보면서 민규는 잠시 묵상을 한다. 이때 어디선가 소리가 들려왔다. "네가 지금 죽으려고 하는 결심으로 최선을 다해 노력해 봐라"라는 음성이었다. 민규는 자신이 섬기는 하나님의 말씀이라 생각했다. 자신의 어리석음을 깨닫게 하는 말씀으로 받아들였다. 그 말씀을 듣고 민규는 다시 집으로 발걸음을 옮긴 것이다.

이후 민규의 생활 모습은 완전히 달라졌다. 공부하는 방법도 그날 배운 것은 완벽하게 이해하고 외웠으며 내일 배울 학습내용을 충분히 공부하였다. 예습복습을 철저히 실천한 것이다. 공부하느라 밤을 새우는 경우도 허다하였다. 바닥을 헤매던 민규가 드디어 1학기말고사에서 상위권에 올랐고 학년말고사에서는 6학년 전체에서 1등을 하였다. 꼴지만 하던 학생이 어느 날 갑자기 심경의 변화를 가져와 기적과 같은 일을 만들어가고 있는 것이다. 민규는 중학교, 고등학교에 들어가서도 1등의 자리를 놓치지 않았다. 결국 민규는 모든 학생의 선망의 대상인 S대 법대에 들어갔고 졸업 후 사법고시에 합격하여 현재는 서울에서 부장판사를 하고 있다. 이 같은 사례를 들으면서 학생들이 숙연해지는 분위기를 읽을 수 있었다.

요즘 카이스트 학생들의 연이은 자살 사건이 언론에 헤드라인을 장식하고 있다. 심지어 교수까지 학생들의 자살에 동참하고 있다. 올 들어 4명의 학생이 목숨을 끊었고 이어 한 명의 교수가 자살하는 참상이 언론에 회자되고 있다. 학생들의 자살 동기를 여러 가지로 추정하지만 궁극적인 원인은 역시 학력과 연루된 것 같다. 이 같은 사건의 중심에는 서남표 총장이 있다. 서 총장은 미국의 명문대 MIT 대학에서 학과장을 지낸 경력이 있고 널리 알려진 명성 높은 학자이다. 서 총장의 학교 경영 목표는 미국의 MIT보다 좋은 대학, 세계 최고의 이공계 대학을 만드는 것이었다. 그래서 학사운영도 학생들을 완전 경쟁체제의 틀 안에 일정한 순위에 들지 않으면 과중한 징벌적 등록금을 부과하였다고 한다. 전 과목 영어 강의 강행도 학생들에게는 심적 어려움이 많았던 것 같다. 연쇄 자살 충격을 겪으면서 서남표 총장의 개혁 드라이브에 제동이 걸리고 있다. 찬반 여론이 있지만 이에 우려를 표명하는 학자들이 적지 않은 것 같다. 글로벌 시대에 세계의 흐름은 한국 대학의 전면 개혁을 요구하고 있다. 최근 5년간 카이스트는 이 같은 부작용으로 내홍을 겪으면서도 대학 개혁에 구체적인 목표를 제시하고 흔들림 없이 추진해왔던 것이다.

카이스트 학생들은 자타가 인정하는 0.5%권 이내의 영재들이다. 힘들겠지만 4년의 혹한을 이겨내야 한다. 졸업이라는 영광의 봄을 생각하며 젊음을 불태워야 한다. 그리고 실력 있는 자가 세상을 지배하는 시대가 온다는 것을 믿고 피나는 경쟁에서 승리해야 한다. 자살만이 모든 문제를 해결한다고 생각하는 것은 잘못이다. 자살은 우리를 이 땅에 보낸 조물주의 뜻이 아니다. 치열한 경쟁 속에서 천재성과 창의성을 요구하는 비정상적인 학사 운영이라 할 수도 있지만 이 같은 대학이 한 개 정도는 있어야 대한민국이 희망을 가질 수 있다. 카이스트의 냉혹한 교육제도와 환경에 적응하지 못할 정도의 심약한 학생이라면 대한민국의 미래를 책임질 자격이 없다고 생각한다. 훈화에서 언급된 민규 학생의 지혜와 불굴의 도전정신, 인간 승리의 의지를 본받았으면 좋겠다는 생각을 해본다.

+ + +

신앙의 안목을 넓힌 평신도 수련회

그동안 방학 기간이면 휴전선 근처에 있는 오산리 금식기도원을 찾아 며칠 동안 말씀과 기도를 통해서 신앙적인 삶을 점검하고 충전하는 기회를 갖곤 하였다.

세속적인 삶의 번뇌를 잊을 수 있고 자연의 소리, 하나님과 교감하는 소리만 있는 깊은 산속이다. 하늘 가까운 곳에 위치한 그곳에서의 생활은 삶의 옷매무새를 고쳐주곤 하였다. 금년에도 예년처럼 오산리 기도원을 계획하고 있었는데 때마침 경상북도 경주에서 개최하는 전국 평신도 지도자 동계수련회에 참석하라는 담임목사님의 권유로 원래 계획을 접고 그곳을 다녀오게 되었다. 각 교회에서 남선교회를 대표하는 권사님, 장로님 25명이 2박 3일 일정으로 지난주 목요일 출발하였다. 당진교회에 모여 수련 기간 동안 안전과 성령 충만을 위한 김재동 감리사님의 기도가 있었고 몇 분의 목사님과 김홍장 도의원의 환송을 받기도 하였다.

교회 선교회 소속 관련 여행은 처음이고 동행하는 분들이 대부분 낯선 분들이어서 분위기가 서먹하였지만 시간이 지나면서 주님의 사랑 가운데 모두 한 형제임을 확인할 수 있었고 따뜻한 사랑과 격려의 대화를 통해서 마음의 평정을 되찾을 수 있었다. 6시간의 긴 여정 끝에 동계수련 장소인 경주 교육문화회관에 도착하였다. 2,000여 명을 수용할 수 있는 회의장과 숙박 시설을 갖추고 있는 대단한 규모의 호텔이었다.

당일 오후 3시에 개회예배를 시작으로 짜인 시정에 의해서 타이트하게 수련회가 운영되었다. 시간 시간 배정된 강사님들의 열정적인 설교와 간증은 참석한 모든 회원이 은혜 충만한 가운데 사명을 깨닫고 회개하고 반석의 믿음을 다지도록 하였다. 텔레비전 기독교 채널에서나 뵐 수 있는 지명도 높은 목사님, 장로님들의 설교와 간증은 2,000여 회원들을 매료시키기에 충분하였다. 감리교신학대학교 김홍기 총장님, 서울 부광교회 김상현 목사님, 연세대학교 의과대학 교수이신 황수관 장로님, 대전 중문교회 장경동 목사님 등 평소 TV에서만 접했던 분들을 직접 대하면서 생동감 있는 설교를 감명 깊게 들을 수 있었다.

이분들 모두의 설교 내용을 소개하기는 어렵고 하나님을 섬기는 성도이면 누구나 알 수 있는 황수관 장로님과 장경동 목사님의 설교 내용을 간단히 요약하는 것으로 글을 맺고자 한다.

황수관 장로의 유머는 삼척동자에게도 알려졌을 정도이다. 웃음의 유형, 인간만이 가지고 있는 웃음보에 대한 얘기를 통해서 배꼽을 잡는 웃음바다로 만들었다. 한편 이명박 대통령의 어린 시절 가난한 삶의 일화를 소개할 때는 모두가 눈시울을 적시기도 하였다. 그 일화는 먹을 양식이 없어서 양조장에서 얻어온 술주염을 아침밥 대신 먹고 학교에 간 이명박이 친구들과 담임선생님으로부터 당하는 참담한 모습이었다. 연세 지긋한 장로님들이 옛날 어려웠던 어린 시절을 회상하며 당신들이 겪었던 일처럼 공감하는 것 같았다.

이어서 황수관 장로 자신도 어려운 환경에서 자수성가한 지난 세월을 간증으로 말할 때 많은 사람을 눈물의 도가니로 빠지게 하였다.

이분들의 공통점은 젊은 시절 절대빈곤의 삶을 극복하고 입지전적인 인물이 될 수 있었던 것은 하나님과 함께하는 삶이었다는 것이다.

이어서 소개하는 장경동 목사님 역시 유머감각이 뛰어난 분이시다. 세상 사람들이 겪을 수 있는 사례들을 통하여 웃음바다를 만들었고 '하나님의 아들은 하나님을 닮아야 한다'는 주제 말씀을 각인시키기 위해 애를 썼다. 그리고 타 교단의 목사님이면서 감리교단의 감독회장 권한대행 체제인 현실적인 문제를 걱정하는 말씀도 하셨다. 이분의 동정 어린 말씀은 우리의 각성을 촉구하는 의미를 시사하고 있었다.

금년 3월 중에 감독회장 재선거가 있을 예정이라고 한다. 현재 직무대행 체제가 많이 흔들리는 것 같다. 집행부가 중심을 잡고 선거를 깨끗하고 공정하게 치룰 수 있도록 해야 한다. 이번 선거를 통해서 제대로 인정받는 정통의 회장단 면모를 갖추었으면 하는 것이 우리 모두의 바람이다.

금번 전국 평신도 지도자 수련회 참가를 계기로 신앙의 안목을 넓힐 수 있었으며 하나님이 우리를 불러주신 그 뜻을 깨닫고 주신 사명을 감당하기 위해서 아낌없는 희생을 다짐하는 귀한 기간이었다는 생각이다.

✛ ✛ ✛

이상한 이취임식

교장이란 신분으로 신문에 글을 게재한다면 요즘 같은 시기에는 학생들의 방학 생활에 관련된 글을 쓰거나, 교육 이론에 밝고 자기주장을 드러낼 줄 아는 교장이라면 교육 현장의 화두가 되고 있는 학력과 위기에 처한 공교육의 대안을 써야 마땅할 것이다.

며칠 전 지방지에 올린 어느 목사님의 우리 지방 역사에 대한 글을 읽으면서 좀 격에 맞지 않는 글이란 생각이 들었다. 그 정도 필력으로 한 생명이라도 구하기 위한 복음의 글을 썼으면 하는 아쉬운 생각이 들었다. 또한 어느 정치인의 글을 보면서 험난한 정치무대에 등단하기 위해서 준비하는 분이라면 지역민들의 공감대를 형성하는 문제를 규명하고 대안을 제시하는 글이었으면 좋겠다는 생각도 해봤다.

학년 초 학부모 회의에서 필자의 글을 신문에서 한 번쯤 읽어본 학부모님이 있나 하고 물었더니 200여 명 중에 2명 정도 손을 들었다. 무척 실망스러웠고 그 이후 학부모를 계도하기 위한 교육과 관련한 글은 쓰지 않겠다는 생각을 했었다.

차라리 동네 이장, 지도자님들이 즐겨 읽는 정치와 관련한 세상 돌아가는 얘기 아니면 현안문제로 회자되는 사회문제 등 전문적인 소양을 갖춘 글이 아니더라도 교육 관련 글보다는 많은 사람이 흥미를 갖고 읽어보겠다는 생각이 들었다.

나는 특별한 일이 없으면 습관처럼 모 교회 새벽 예배에 참석한다. 하루가 시작되는 새벽 시간 목사님 설교 말씀을 들으면서 하나님의 깊은 사랑의 의미를 깨닫고 기도를 통해서 오늘도 주님의 영광을 위한 삶이길 간구하고 있다.

오늘 새벽 목사님의 설교 주제는 사무엘의 어머니 한나의 기도에 대한 말씀이었다. 한나의 간절한 눈물의 기도가 응답받는 사건을 통한 하나님의 사랑을 말씀하셨다.

몇 개월 전에 한국 기독교감리회 감독회장 선거가 있었다. 뭔가 잘못되어서 두 분의 감독회장이 서로가 정당성을 주장하며 한 치의 양보도 없이 자리다툼을 하고 있는 것이다. 교단을 걱정하시는 분들은 감리교 제단의 치부를 드러내는 부끄러운 일이라고 한다. 사실 이 문제를 들여다보면 언뜻 보기에는 복잡한 문제 상황이 얽혀 있는 듯하지만 자세한 내막을 알고 보면 대단한 배후 세력에 법과 원칙을 고수하며 대항하는 처절한 모습이다. 힘 있는 사람들의 권위 앞에 법과 원칙이 무력해지는 상황을 우리는 지켜보고 있는 것이다.

비슷한 예는 아니지만 얼마 전에 당진지방에서 감리사 선거가 있었다. 선거 과정에서 목회자들의 세상적인 모습을 엿볼 수 있었다. 아무튼 감리사 한 분이 당선되었고 며칠 뒤에 이취임식을 가졌다. 필자가 공직에서 잔뼈가 굵어서인가 이해하기 어려운 당시 현장의 문제들을 제기해보고자 한다. 글자 그대로 이취임식인데 두 분의 이임사와 취임사가 있어야 당연하다는 생각이었다. 수행 중에 미흡한 점을 지적하여 이해를 구하는 이임사와 기간 동안 감리사로서 비전을 제시하는 취임사가 있어야 하는 것이 당연한 상식이라 생각했다. 이취임사는 생략하고 충청지방 감독회장이라는 분의 설교인지 축사인지는 모르지만 단상에 올라 말씀을 장황하게 하셨다. 그분의 말씀 중에 이해하기 어려운 부분은 감리사로 당선된 목사님이 다섯 번인가 도전해서 이번에 기어이 성공했다며 불굴의 신념을 치켜세웠다. 더한 것은 ○○교회 목사님 뒤를 일찍부터 따랐으면 벌써 감리사가 됐을 거라는 말씀도 하셨다. 그 목사님은 모 대학 출신이고 담임하는 교회에 상당한 투표권자를 보유하고 있어서 절대적인 영향력을 가지고 있다는 것을 뜻하는 말 같았다. 출신 대학이 그렇게 명성 있는 대학인지 모르지만 교계에서 학맥으로 인한 분열 양상은 어제오늘의 문제가 아닌 것 같다. 하나님의 영역이 아닌 세상적인 모습인 것 같아서 안타까운 생각이었다. 감독님이 언급했던 ○○교회의 투표권자들은 자신의 주관적인 선택권 없이 담임목사님의 말씀에 절대 맹종하는 사람들인 것 같았다. 한심한 모습이라 해야 할지 있을 수 있는 상황이라고 해야 할지 모르겠다.

이런 모습들이 하나님의 뜻이 아니라면 그에 합당한 삶을 위해서 어떻게 살아가야 할지 곰곰이 생각해봐야 한다. 종교단체는 사회와 격리된 단체가 아니다. 세상과 더불어 살아가는 단체이기에 사회 속의 단체이고 사회를 이끌고 나갈 모범적이고 선도적인 단체이어야 한다.

5부

자기도취에 빠진 글

+ + +

희생과 역경 그리고 사랑

인생 칠십 고래희(古來稀)라는 옛말은 호랑이 담배 먹던 시절의 이야기다. 요즈음 시골의 칠십 노인은 논밭에서 일하는 농사꾼이고, 도심의 경로당에서는 심부름꾼에 지나지 않는다. 현재 우리나라 국민의 평균 수명이 82세라니 이제는 80세가 넘어도 노인이라는 말 자체가 어쩐지 어색하기만 하다. 노인에 대한 연령 기준이 애매할 수밖에 없다. 연금을 받는 나이부터 혹은 정년퇴직한 나이부터와 같은 구분 방식은 아무런 신뢰성이 없는 것 같다. 왜냐하면 인간의 노화 정도는 사실 사람에 따라 천차만별이기 때문이다. 따라서 비교적 누구에게도 들어맞고, 또 주관과 객관이 일치하는 구분으로 '받는 것을 요구하게 된 사람'을 나이에 관계없이 노인이라고 생각하는 것도 타당할 것 같다.

인간이 어렸을 때에는 우선 남에게서 받는 것을 시작한다. 부모는 아이에게 젖을 물려주고, 포대기로 업어주고, 학교에 갈 무렵이면 책가방을 사주고 도시락도 싸주는 등 그처럼 아이는 받기만 한다. 그러다가 그 아이는 어느새 독립하여 남에게 주는 쪽에 서게 된다. 처자를 부양하고 아이를 교육시키고 연로하신 부모를 모시며 돌보게 된다. 그리하여 수십 년이 지나면 자신은 늙어가고 자식이나 사회로부터 도움을 받으면서 주는 쪽에서 받는 쪽의 입장으로 돌아간다. 이렇게 인간은 받고 주는 순서와 절차를 거치면서 나이가 들어가고 늙어서 노인 대접을 받게 된다.

자신의 인생을 잘 다스리고 다른 사람들에게 무한의 사랑을 선물했던 사람들을 살펴보면 그들의 인생에 공통분모가 있다. 그것은 바로 역경과 좌절 그리고 가난과 고통의 세월이 있었다는 점이다. 여기에는 예외가 없다. 공자님, 부처님, 예수님에서부터 시작된 이 계보는 영원하다. 베토벤, 고흐와 같이 유명한 예술가 역시 마찬가지다. 『성냥팔이 소녀』의 안데르센도 지독한 가난과 궁핍, 그리고 주위 사람들의 시기와 질투를 자양분으로 삼아 자신의 작품을 창조한 위대한 작가이다. 아무래도 대표적인 인물은 부처인 듯하다. 부처는 왕자로 태어났지만 모든 것을 다 버리고 걸인과 같은 행색으로 고통의 길을 걸었다. 그래서 우리의 옛 어른들은 귀한 자식일수록 더 엄하게 키웠고 "젊어서 고생은 사서도 한다"는 명언을 남겨도 주셨다.

세상에서 가장 중요한 일은 사랑을 나누어주는 것과 누군가가 사랑을 나누어줄 때 그 사랑을 제대로 받아들이는 것이라고 한다. 오늘 누군가가 사랑을 나누어줄 생각을 하고 있지 않으면 아직 늦지 않았다. 지금이라도 눈에 보이지 않는 작은 사랑을 준비하자 사랑의 방은 그 크기가 없다. 사랑이 없다면 인간은 존재하지 않는다. 이 세상에서 가장 중요한 것은 사랑이다.

김소월의 시 「엄마야 누나야」로 시작해서 「진달래꽃」으로 마감할 수 있다면, 그보다 더 아름다운 삶은 없을 것 같다. "엄마야 누나야 강변 살자, 뜰에는 반짝이는 금모래 빛, 뒷문 밖에는 갈잎의 노래, 엄마야 누나야 강변 살자" 소월은 하얀 달이라는 뜻이다. 하얀 것은 모든 색이 모여 있는 색이다. 소월은 우리 민족이 지니고 있던 붉고, 푸르고, 노랗고 한 모든 빛깔의 정서를 모아서 시를 쓴 것 같다. 엄마야 누나야 하고 읽으면 왠지 강물이 흐르는 소리가 들리는 것 같다. 이것은 노래가 되어버린 시이다. 언어로 쓰인 것이지만 그것을 읽으면 마음속에는 가락이 흐르고 그 가락을 타고 강물 위를 떠다닌다. 강물은 아픈 사람의 눈물이기도 하고 뜨거운 열정의 핏줄이기도 하다. 우리나라의 아무 곳이나 흐르는 그런 강가에 작은 오두막이 하나 지어져 있고 아이가 노래를 부른다. 아이의 기다림은 반짝이는 금모래 빛으로 빛나고, 갈잎은 아이의 마음을 달래준다. 소월은 부유한 집안에서 태어났으나 일본인들의 행패로 아버지는 폐인이 되고 말았다고 한다. 그 후 대학을 중퇴하고 시를 쓰면서 짧은 인생을 조국의 산천을 떠돌아다니면서 어디 하나 정 붙이지 못하고 살았다. 그 번민과 한스러운 마음은 그의 시에 고스란히 담겨 있다. 그의 시는「산유화」「못 잊어」「금잔디」「접동새」등도 있지만 그래도 대표적인 작품은「엄마야 누나야」와「진달래꽃」같아 보인다. 어찌 보면 두 편의 시가 인생의 처음과 마지막을 장식하기 때문이다. 소월의 시에서 우리는 마음의 평안을 얻는다. 사나워지는 마음을 다스리고, 우리가 잊고 지냈던 우리의 정서를 환기시켜준다. 그의 시는 우리가 가장 많이 쓰고 가장 쉽게 하는 그런 말들로 이루어져 있다. 그래서 더욱 친근감을 느끼는 것 같기도 하다. 진달래꽃은 자기희생을 통한 헌신적 사랑과 한을 뜨거운 사랑으로 승화시킬 수 있는 여인의 이미지와 연결되어 있다고 할 수 있다.

+ + +

효(孝), 바라기

외출할 일이 있어 무장하듯 옷매무새를 단단히 하고 집을 나섰건만 찬 바람이 여간 아니다. 나도 나이를 먹은 탓인가. 요즘 들어 전에 없이 추위를 탄다. 이 엄동에 문득 독거노인들의 기사가 떠오른다.

어느 지방신문에선가. 독거노인에 관한 기사를 읽은 일이 있다. 당진시가 다른 시군에 비하여 독거노인이 많다고 한다. 독거노인에 대한 문제는 어제오늘의 얘기가 아니다. 충격적인 것은 독거노인의 일부가 생활고를 견디다 못해 급기야 자살을 택한다는 것이었다. 독거노인들의 자살이 전체 자살자의 반 이상을 차지한다고 한다. 우리 지방의 자살률이 다른 지방에 비하여 월등히 높은 것도 독거노인이 많은 데 원인이 있다고 할 수 있다.

내 유년시절의 일이다. 어느 날 어머니께서 밤늦게 부엌에서 밤참을 준비하시더니, 내게 논에 같이 가자고 하셨다. 아버지는 그때까지 논에 물을 대기 위해 두레박으로 물을 푸고 계셨다. 나는 석유등잔이 들어 있는 등을 조심스레 들고 앞장섰다. 어머니는 아버지께서 드실 밤참을 머리에 이고 따라오셨다. 집을 나서서 얼마만큼 가고 있었다. 멀리서 두레박으로 물 푸는 소리가 철썩철썩 들려왔다.

좁은 논두렁길을 조심스럽게 걸어서 그곳에 도착하였다. 아버지께서는 굵은 땀방울을 흘리며 두레질을 하고 계셨다. 어머니는 준비해 온 밤참을 머리에서 내려놓고 자리를 펴셨다. 완두콩이 들어 있는 쌀밥이며, 고추장 발라 구운 실치포와 열무김치 등이 차려졌다. 이윽고 아버지는 하시던 일을 멈추고 밤참을 드셨다. 얼마나 시장하셨을까. 금방이라도 비울 듯이 밥을 맛있게 드셨다. 그런데 아버지는 반쯤 드시고 슬며시 수저를 놓으셨다. 옆에 앉아 있는 아들을 위해서 한 그릇의 밥도 다 드시지 않고 남기셨던 것이다. 그때의 일을 떠올리면 지금도 눈시울을 적신다.

당신께서는 배우지 못한 일을 한으로 여기셨다. 장남인 나한테 "너만은 무슨 일이 있어도 대학까지 가야 한다"고 말씀하시곤 했다. 그렇게 자식 대학 보내는 것을 소원으로 여기시며 밤을 낮 삼아 일하셨다. 그런 아버지의 모습을 생각하면서 어린 마음에도 공부를 열심히 해야겠다는 다짐을 하곤 했다.

옛날에는 재산을 증식하기 위한 수단으로 이사하는 것을 한 가지 방법으로 생각했다. 아버지께서는 반듯한 집으로 이사하는 게 소망이었던 것 같다. 그 후, 분수 넘치게 이사를 하여 쌀 몇 십 가마 빚을 지게 되었다. 당시 채무의 이자가 보통 5할 정도였다. 아무리 절약하고 노력해서 농사지어도 이자 갚기가 벅찼다. 그런 와중에서 나는 중학교를 졸업하였다.

당시 우리 집 형편으론 중학교 졸업하는 것만도 언감생심이었다. 고등학교 진학은 아예 엄두도 내지 못했다. 그런데 그 당시 막내 외삼촌이 공주에서 고등학교 2학년에 재학 중이었다. 외할머님이 그곳에 계시면서 밥을 해주고 계셨다. 외할머님의 권유로 가까운 집안 분들의 만류에도 불구하고, 나는 공주로 유학을 가기로 하였다. 고등학교를 졸업하고 공주에서 교육대학에 들어간 연유로 지금까지 40여 년간 교육자의 길을 걸어왔다.

학창 시절, 자식을 먼 곳에 유학 보내놓고 밤낮없이 고생하시는 부모님을 생각하며 눈물도 많이 흘렸다. 공주에서의 5년 동안의 생활은 암담함 그대로였다. 가정형편을 생각하여 부모님에게 이런저런 손을 내밀 수가 없었다. 막막한 학창 생활의 연속이었다. 하지만 내게도 작은 꿈은 있었다. 젊은 시절의 고난과 역경은 돈으로도 못 사는 일이라고 생각했다. 언젠가 희망의 날이 오리라는 실낱과도 같은 희망이 나로 하여금 어려움을 견디게 하여 주었다.

그러구러 대학을 졸업하고 교단에 섰다. 이제는 작은 부분이라도 부모님을 위해 무언가 할 수 있다는 자신감이 있었다. 부모님을 모시고 살면서 집에서 가까운 모교에서 근무하게 된 것은 다행한 일이었다. 아버지는 주위 사람들에게 자식 자랑을 무척이나 하셨다. 자식 자랑에 당신께서 흐뭇해하시던 그 모습이 지금도 눈에 선하다.

자식 대학 보내는 것을 인생의 목표로 삼으셨던 아버지께서는 평소에 즐기시던 술로 인해서 10여 년 전 간경화 증세로 유명을 달리하셨다. 지금도 나의 학창 시절 온갖 어려움을 감내하시며 오직 자식 공부하는 데 뒷바라지하시는 것을 삶의 보람으로 여기셨던 아버님을 떠올린다. 하지만 당신 살아계실 때 효도를 다하지 못한 게 한(恨)으로 마음 한구석에 자리 잡아 간혹 먹먹하곤 한다.

“정말 당신의 자식 사랑과 자식을 위한 헌신은 대단하십니다. 그렇게 어려운 환경에서도 꿈을 이루기 위한 희생적인 모습은 후손 대대로 전해져 존경받아 마땅합니다. 부모가 자식을 사랑하는 본이 되기에 충분합니다. 운명하시며 그렇게 정 좋게 사시던 어머님을 걱정하시던 말씀 받들겠습니다. 어머님의 여생 동안 자식 된 도리를 다하겠습니다."

아버님은 아들에게 유언처럼 어머님을 당부하셨다. 그 말씀을 되뇌며 지금도 어머님을 모시고 있다. 어느덧 어머니 연세가 구순에 가깝다. 90세를 졸수(卒壽)라고 하던가. 돌아가실 나이가 됐다는 뜻이다. 어머니의 건강도 옛날 같지 않다. 허리가 굽고 약간의 치매기도 있으시다. 모처럼 오는 손자 손녀들도 할머니를 옛날처럼 대하지 않는다. 형제들인 자식들조차도 명절 때 모이면 어머님을 요양시설로 모시자고 한다. 그럴 때마다 서운한 감정도 없지 않다. 하지만 '누가 뭐라 해도 어머니는 돌아가실 때까지 내가 모시겠다'고 다짐했다.

부모님이 돌아가신 뒤에 다하지 못한 효를 아쉬워하며 후회하는 사람들이 많다. 그런 어리석은 자식이 되지 않겠다고 생각하곤 한다.

불교의 경전인 『부모은중경父母恩重經』에 이르길, "부모는 목숨이 있는 동안 자식의 몸을 대신하길 원하고, 죽은 뒤에는 자식의 몸을 지키길 원한다"고 했다. 그게 부모의 마음이리라. 그렇다. 효를 실천한다는 일은 어려운 일이다. 하지만 어떤 어려움이 있더라도 이를 감수하고 자식 된 도리를 다해야 마땅하리라. 그 길이 아버지에게 못다 한 효를 행하는 일이라 생각한다.

서두에서 독거노인의 어려운 삶과 자살에 대해서 이야기했다. 그들은 자식들을 위해 헌신했고 젊음을 불태웠다. 그 자식들은 지금 어디에 있는가? 어느 누군들 나이 듦을 좋아하랴. 반면교사(反面敎師)의 진리를 새겨야 한다.

찬 바람이 옷깃을 파고든다. 겨울나기에 힘겨울 독거노인들의 모습이 떠오른다. '효, 바라기' 그런 작은 소망이 입안에서 맴맴 거린다.

+ + +

아름다운 삶의 여정

작년 봄 학기에 방송통신대학교 출석 수업을 대전 유성에 소재한 충남·대전 지역대학에서 받았다. 필자는 현재 청소년교육과 4학년에 재학 중이다. 주로 방송 강의를 시청하면서 공부하지만 학기마다 3일간 출석 수업을 받는다. 이 같은 교육과정 운영이 일반 대학과 다른 방송통신대학의 특징이라 할 수 있다. 또한 전공학과 학생들끼리 캠퍼스에 모여 공부할 수 있는 유일한 계기가 되기도 한다.

강의실에 40여 명의 만학도들이 모여 강의를 받는데 대부분 30, 40대 아줌마들이 주를 이루고 있는 반면 남자는 7, 8명 정도이다. 그중에 60대 정도의 고령은 필자와 또 한 분이 있어 2명뿐이다. 연령대가 비슷해서 반가움에 통성명했더니 대전에 모 지역교육청 교육장이라고 했다. 동병상련(同病相憐)이라고 할까. 그 이후 학기마다 출석 수업을 받을 때면 짧은 기간이지만 서로 간에 삶의 공통영역이라고 할 수 있는 교육에 대해서 많은 얘기를 나누었으며 위로, 격려도 잊지 않았다.

필자 자신을 드러내기 위해서 위의 내용을 쓴 것은 아니다. 독자들의 오해가 없었으면 좋겠다. 많은 사람이 방송통신대학에 적을 두고 학습했던 경험이 있는 것으로 알고 있다. 평소 공부하면서 방송 시청, 과제물 제출, 출석수업, 중간고사, 기말고사 대비 등으로 집안 행사는 물론이고 각종 모임과 상치되는 경우가 많아 난처할 때가 자주 있다. 난처한 사정을 얘기할 수밖에 없을 때 그 얘기를 듣고 혹자는 대기만성(大器晩成)의 전형적인 모습이라고 필자 앞에서 찬사를 아끼지 않는다. 물론 그 사람의 속내를 모르는 것 아니기에 의미를 부여하고 액면 그대로 마음속에 새기지는 않는다. 하지만 대기만성은 필자와 어떤 인연이 있는 고사성어라는 생각이고 마음에 와닿는 느낌을 갖고 있기도 하다. 이 같은 생각의 단초는 필자가 큰 그릇이라는 생각보다는 모든 면에 다른 사람들보다 한 박자 늦다는 생각에서 대기만성을 필자와 연유해서 의미를 부여하고 있는 것이다.

대기만성(大器晩成)은 글자 그대로 큰 그릇을 만드는 데는 시간이 오래 걸린다는 뜻으로 크게 될 인물은 오랜 공적을 쌓아 만년(晩年)이 되어 성공한다는 뜻으로도 말할 수 있다. 대기만성은 노자(老子)에 나오는 고사성어다.

위(魏)나라에 최염(崔琰)이라는 장군이 있었는데 그는 대인의 기품이 있어 위나라 황제인 무제의 신임이 매우 두터운 사람이었다. 그의 사촌 동생 최임(崔林)이라는 사람이 있었는데 별로 명망이 없어서 친척들 간에도 업신여김을 받았다. 그런데 사촌 형인 최염은 그의 인물됨을 꿰뚫어 보고 늘 “큰 종이나 솥은 쉽게 만들지 못한다. 큰 인재도 이와 마찬가지인데 자네도 대기만성형의 사람이니 후일에 반드시 큰 인물이 될 것이다.”라고 말하며 그를 아끼고 도와주었다. 과연 뒷날에 최임은 삼공(三公)이 되어 황제를 보필하는 자리에 오르게 되었다고 한다. 노자에 나오는 이 이야기에서 대기만성이 유래했다고 전해지고 있다.

얼마 전에 교직에 있는 셋째 딸이 필자에게 이런 말을 했다. “아빠는 정년퇴임이 얼마 남지 않았는데 퇴임 이후의 생활이 무척 기대된다”는 것이다. 무심코 한 말인지는 모르지만 청량제 같은 것으로 기억에서 지워지지 않는다. 통신대학 학기말시험 준비를 하며 밤새하는 만학도의 모습이나 각종 언론지에 글을 기고하는 것을 보면서 한 말로 이해하고 있다.

교육계에서 큰소리치며 내로라하던 분들이 정년으로 교육 현장을 떠나면 모든 자취와 모습이 사라지는 것 같다. 40여 년의 교육 경륜이 사회에서 무가치한 것으로 치부되는 것이 안타까운 현실로 받아들여진다. 필자도 얼마 남지 않은 정년을 앞두고 있다. 물론 특별한 인생 설계를 구상하고 있는 것은 아니다. 하지만 무기력한 삶이 인생 여정에 어쩔 수 없이 운명적으로 받아들여야 하는 것인가를 생각하게 된다.

역사적인 인물들 중에 대기만성의 사례가 우리의 삶을 반추할 수 있을지 모르겠다. 삼국시대 고구려의 명장 명림답부는 94세에 차대왕의 폭정을 보다 못해 쿠데타를 일으켜 왕을 바꾸고 국상이 되었으며 고려의 정중부는 무신으로 70세에 문신을 몰아내고 정권을 잡았었다. 조선시대 얼굴이 못생겨 놀림을 받던 7삭동이 한명희는 60세가 되어서야 세조에게 발탁되어 그를 도와 정권을 잡았었다.

서양에서도 영국의 총리를 역임하였으며 세계적인 영웅으로 일컫는 윈스턴 처칠이 70세의 고령에 2차 세계대전을 승리로 이끄는 데 혁혁한 공을 세웠다.

이같이 역사적으로 대기만성의 모범적 사례를 보여준 인물들이 물리적인 연륜을 초월하여 역사의 한 페이지를 장식하였던 것이다. 인생의 여정을 운명적인 삶의 과정으로 받아들이고 염세주의 사고로 살아간다면 얼마나 비참한 모습인가. 황혼의 연륜이 더해간다 할지라도 대기만성의 신념을 갖고 의연한 모습으로 황혼의 꿈을 펼치면서 노년을 장식한다면 더할 수 없는 아름다운 인생의 여정이 될 것 같다.

✢ ✢ ✢

생각하는 갈대 (roseau pensant)

주제를 '생각하는 갈대'로 정하고 글을 썼다. 주제가 좀 거창하다. 인생의 심오한 철학이 담긴 주제인 것 같지만 깊이 있는 글은 아니다. 필자는 지난해 8월 말 정년퇴직으로 40여 년 몸담았던 교직을 마감하였다. 새롭게 펼쳐지는 미지의 삶, 제2의 인생을 출발한 지 반년이 지났다. 오랜만에 만나는 지인들이 이구동성(異口同聲)으로 묻는 말은 퇴직 후의 근황이다. 무엇을 하며 어떻게 지내는지를 묻는다. 특히 교육 현장에서 긴 세월 동안 고락을 같이했던 선생님들이 퇴직 후 필자의 생활 모습을 무척 궁금하게 생각하는 것 같다.

주제로 정한 '생각하는 갈대'는 내 블로그(http://blog.naver.com/kjb557) 이름이다. 퇴직 후에 개설한 블로그다. 다시 시작하는 제2의 인생에서 펼쳐지는 우여곡절(迂餘曲折)을 그려보고 싶은 생각에서 개설하였다. 다 아는 얘기지만 '생각하는 갈대'는 파스칼의 저서『팡세』에 언급된 말이다. 인간이 대자연 속에서 한 개의 갈대처럼 가냘프고 연약하지만 인간의 생각은 우주를 포용할 수 있는 위대성을 갖고 있다는 뜻이다. '생각하는 갈대'란 이름으로 개설한 블로그를 통해서 인생의 여정 속에 그려지는 이야기들이 삶의 향기로 번질 수 있도록 하고자 한다. 많은 사람이 진한 감동을 느끼고 자신의 삶을 재음미하는 계기가 되도록 하겠다는 포부도 갖고 있다.

자신의 삶을 글로 표현한다는 것은 필자의 프라이버시를 독자들에게 노출하는 것이다. 프라이버시는 공개할 수 없는 자존심이 있고 이를 보호받을 수 있는 권리도 갖고 있다. 아무리 진실성이 녹아 있는 삶의 이야기라 할지라도 양심을 위장하고 감춰진 내용이 있음을 감안해야 한다. 이어지는 필자의 삶에 대한 이야기도 예외가 아님을 밝힌다.

필자는 하루의 일과를 새벽 4시 반부터 시작한다. 교회 갈 시간을 알리는 아이폰의 기상 벨 소리에 어김없이 일어난다. 필자가 살고 있는 아파트 단지 바로 앞에 문화시티 감리교회가 있다. 성도가 몇 명 안 되는 작은 교회이다. 몇 개월 전부터 문화시티교회에 출석하고 있다. 그 이전에는 여기서 이십 리 정도를 가야 하는 천의교회에 출석하였다. 새벽 예배에 참석하고 싶어도 거리 관계로 자주 나가기 어려웠던 것이 사실이다. 가까운 교회로 적을 옮기면서 가능하면 빠지는 날 없이 새벽 예배 참석하려고 애쓰고 있다. 혹자는 작은 교회로 옮겨서 왜 고생하느냐고 걱정스럽게 얘기한다. 교회의 형편이 어려워서 부담이 크겠다는 뜻으로 들렸다. 교회 규모가 작고 성도도 몇 명 안 되지만 목사님 설교는 대형교회 내로라하는 목사님 설교 못지않게 은혜가 충만하다. 교인이 많지 않아 설교 중에 목사님과 교감하면서 맞춤형 설교를 듣고 있다. 소규모 학교 학생들이 개별 수준에 맞는 맞춤형 수업을 받는 것에 비유할 수 있다. 담임 여인달 목사님은 오래전부터 부흥강사로 활동하고 계시다. 한 달에 한두 번씩 주로 전라도 쪽에 있는 교회에 초청받아 부흥회를 인도하신다. 하나님께서 영혼구원을 위해 귀하게 쓰시는 목사님이시다. 독자들 중에 하나님의 뜻이라 여겨지면 문화시티

교회를 찾아 능력의 말씀을 체험해보기 바란다.

새벽 예배를 드리고 6시쯤 되면 당진초등학교 체육관으로 가서 배드민턴 운동을 한 시간 정도 한다. 하루 생활 중에 가장 즐겁고 행복한 시간이다. 동호인들과 게임은 이기기 위해서 그리고 하루 생활의 상쾌한 출발을 위해서 최선을 다한다. 물론 게임에서 졌을 때 돌아가는 발걸음이 무거워지기 마련이다. 때로는 스코어 문제로 옥신각신 가볍게 다투면서 승부욕을 드러내기도 한다. 시간 가는 줄 모르고 한 시간 정도 운동하다 보면 옷에 땀이 흠뻑 젖는다.

배드민턴 운동이 끝나면 다음 코스는 남산 헬스장이다. 헬스운동도 오래전부터 하였다. 송악초 근무할 때는 중흥리 헬스장에서 운동하였고 원당초로 오면서 남산 헬스장으로 옮겼다. 다양한 헬스 운동기구를 통해서 유산소 운동과 체력 단련을 위한 각종 트레이닝을 하고 있다. 퇴직 후 시간 여유가 있어서 운동을 규칙적으로 꾸준히 했더니 몸의 균형이 잡혀가는 것 같고 건강미가 느껴질 정도로 좋아졌다는 생각이 든다.

남산 헬스장에서 집에 돌아오면 8시이다. 새벽 4시 반에 나가서 8시에 들어오는 것이다. 하루가 시작되는 소중한 시간을 운동하는 시간으로 낭비한다는 생각을 갖기도 한다. 새벽 시간은 집중력을 높일 수 있는 시간이어서 신문을 본다든지 통신대학 공부를 한다면 더 유익한 시간을 보낼 수 있지 않을까 생각해보기도 한다. 한국방송통신대학교 행정학과 3학년 재학 중에 있다. 이제 머지않아 중간고사가 있어서 여유롭지 못한 것이 사실이다. 고집스럽게 수년간 이어져온 생활 패턴을 바꾸기가 그리 쉽지 않은 것 같다.

그동안 겨울철 농한기에는 시청에서 개설한 컴퓨터 교육, 노인 복지관에서 시행하는 갖가지 프로그램에 참여하기도 하였다. 하루 일정이 빡빡하게 짜인 무척 바쁜 일과를 소일하였다.

봄 날씨가 풀리고 농번기가 시작되면서 눈코 뜰 사이 없이 더욱 바빠졌다. 시골에 다니면서 비닐하우스 만지고 거름 내고 작물을 심기에 여념이 없다. 그동안 도지 주었던 땅 일부를 찾아서 농사짓기로 한 것이다. 아무튼 바쁜 일상은 인간에게 생동감을 주는 것 같다.

몇몇 학교에서 학생들 논술지도 청탁이 들어오기도 했었다. 매어 있는 구속된 생활보다는 농사일에 빠져 자연과 벗하면서 유유자적(悠悠自適)한 삶을 즐기고 싶다. 40여 성상을 학생 가르치는 일에 헌신했다면 이제부터는 또 다른 생명을 가꾸면서 삶의 보람과 의미를 찾고 싶다. 독자들이 필자의 삶의 모습에 공감하는지 모르겠다. 정년 후 미지의 세계를 새롭게 펼쳐가는 제2의 인생에 격려와 응원을 부탁하면서 필을 놓는다.

+ + +

엄마를 붕어빵처럼 닮은 손녀

지난주 토요일에 대전에서 돌잔치가 있었다. 막내딸 미정이가 딸을 낳았는데 1년이 되어 돌잔치를 했다. 돌을 맞이한 손녀 이름은 '도희'이다. '도희' 돌잔치 할 때 아빠가 덕담 한마디 해야 된다고 몇 번 전화를 했었다. 딸의 시댁 가족들과 40여 명이 모인 좌중에서 고민스럽게 준비한 덕담을 몇 마디 했다. 이어지는 글은 오 남매의 자녀를 키우면서 어려웠던 삶의 여정, 막내딸 '미정이'의 성장과정과 돌을 맞은 사랑하는 손녀 '도희'에게 하나님 축복을 기원하는 덕담 내용이다.

오늘 '도희'의 첫 번째 생일인 돌을 맞아 축하하고 앞으로 우리 사회에서 필요로 하는 훌륭한 인재로 성장하길 기원합니다.

제가 자녀를 좀 많이 뒀습니다. 우리 세대에 둘 아니면 셋 정도 낳는 것이 보통이었는데 당시 저희 아버지께서 아들이 없으면 대가 끊긴다고 하시면서 손주 보기를 무척 원하셨습니다. 첫째, 둘째 딸을 낳다 보니까 아버지의 뜻에 따라 대를 잇기 위해서 아들이 있어야겠다는 생각으로 딸을 넷이나 낳고 다섯 번째로 아들을 낳았습니다.

그동안 남다르게 많은 자식을 키우고 가르치느라 고생도 많았습니다. 이제는 모두 성장해서 막내딸 '미정이'까지 배필을 찾아 가정을 이루고 사는 모습을 보면 대견스럽고 부모로서 보람도 느낍니다. 벌써 딸들이 낳은 손자, 손녀가 일곱입니다. 이 애들이 커가는 모습을 보면서 느끼는 것은 어쩌면 그렇게 제 엄마 어렸을 때 모습 그대로 닮았는지 모르겠다는 생각을 하곤 합니다. 애들의 생긴 모습도 그렇고 성격이나 하는 짓까지 옛날 엄마가 어렸을 때 모습을 빼닮은 것 같습니다. 그래서 손자, 손녀들이 더욱 귀엽고 사랑스러운 것 같습니다. 머리는 아빠를 닮는다는데 사위 넷이 모두 명석하고 장래가 촉망되는 인재들이어서 앞으로 손자, 손녀들이 국가, 사회에 크게 쓰임 받는 동량으로 훌륭하게 성장하리라 믿고 있습니다.

벌써 30여 년 전 얘기입니다. 안식구가 병원에서 '도희' 엄마가 '미정이'를 낳고 또 딸이라는 죄책감 때문에 집에 못 들어가고 친정에 가서 산후조리를 했습니다. 장모님이 미정이를 처음 보시고 "왜 이렇게 못생겼다니" 하신 말씀이 기억납니다. 엄마, 아빠인 우리가 봐도 신생아 때 미정이의 모습은 그렇게 예쁘지 않은 것 같았습니다. 가끔 도희를 보면서 그때 엄마의 모습과 붕어빵처럼 닮았다고 생각하곤 합니다.

딸 자랑하는 것 같아서 죄송합니다만 미정이가 성장하면서 미모를 갖추어 지금은 네 딸 중에 제일 예쁘다는 생각이 듭니다. 미정이는 어려서부터 공부도 잘하고 인사성이 밝아서 선생님이나 이웃 어른들한테 항상 칭찬을 받았습니다. 그리고 신앙생활이 모범적이었고 마치 예수님을 닮은 것 같았습니다.

제 어머니께서 여기 참석하셨는데 어머니께서도 미정이 얘기를 많이 하십니다. 미정이 언제 오냐고 묻기도 하시고 시집가서 잘 살고 있는지 궁금해하기도 하십니다. 애들 중에 특별히 관심을 갖고 계시는 것 같습니다. 미정이도 친정에 오면 할머니부터 찾고 할머니에 대한 사랑이 남다르다는 생각에 아빠 입장에서 대견스럽고 고마운 생각을 갖고 있습니다. 어머님 연세가 90 가까이 되셨습니다. 연로하셔서 치매 증세도 약간 있으시고 수전증으로 어려움을 겪고 계십니다. 안식구와 큰딸에게 오늘 행사에 어머님 모시고 가는 것을 상의했더니 사돈들도 많이 오실 텐데 어떻게 모시고 가냐고 난색을 표했습니다. 어머님이 특별히 사랑하시는 미정이의 딸 돌잔치라서 제 고집으로 모시고 왔습니다.

불편하신 어머님이 참석하셔서 여러분들이 어떻게 생각하실지 모르겠습니다. 세월이 지나면 지금 어머님 모습이 우리들의 모습이 되지 않을까 생각도 해봅니다. 어머니께서 오늘 잔치 분위기에 적응하지 못하시더라도 양해해주셨으면 감사하겠습니다.

끝으로 오늘 도희 돌잔치 즐겁고 행복한 시간 되시기 바랍니다. 도희 앞날에 하나님께서 함께하시고 하나님의 영광과 축복 있기를 기원하면서 두서없는 얘기 이만 줄이겠습니다. 감사합니다.

우리 쪽 일행은 그동안 같이 겪으며 살아왔고 살아오면서 지켜본 그대로의 얘기여서 모두 공감하는 분위기였다. 딸들은 덕담 내용이 약간 도를 넘은 듯한 적나라한 이야기에 계면쩍어 하는 것 같기도 하였다. 사돈 측에서는 미정이의 성장 과정과 딸을 많이 낳으면서 겪었던 웃지 못할 가족사 이야기를 어떤 생각으로 들었을까 역지사지로 생각해본다. 아빠로서 자식을 키우면서 느끼고 지켜봤던 그대로의 생각을 쓴 덕담 내용이지만 왠지 딸 자랑이나 하는 팔불출인 것 같아 마음이 무겁고 찜찜한 생각이 든다.

+ + +

겸손한 삶의 향기

필자는 겸손이란 말에 매력을 느끼고 자주 언급한다. 제대로 실천할 용기와 의지도 없으면서 겸손한 삶에 대해서 진지하게 생각하고 때로는 겸손을 주제로 글을 쓰기도 한다.

겸손의 사전적 의미는 남을 높이고 자기를 낮추는 태도를 말한다. 서양에서 유래하는 겸손의 어원은 라틴어 'humus'이다. 'humus'라는 단어는 '흙 또는 땅'이라는 의미를 가지고 있다. 왜 겸손(humility)이라는 단어의 어원이 '흙 또는 땅'이라는 의미로부터 비롯되었을까를 생각하게 된다. 흙은 언제나 사람들 혹은 동물들의 발밑에 있다. 사람이나 동물들 위에 흙이 존재할 수 없는 것이다. 이들의 발밑에서 흙은 삶의 바탕이 되어주기도 하며 자신보다 이들을 인정하고 세워주며 높여준다. 또한 흙은 나무의 뿌리를 보듬어 안고 있으며 열매를 맺도록 양분과 수분을 제공하기도 한다. 자기 자신보다 다른 생명체를 먼저 생각하는 것이 흙이라는 의미로 정리할 수 있을 것 같다. 겸손의 어원적 의미를 통해서 자신의 삶을 반추해보고자 한다.

"여러분을 겸손한 마음으로 섬기는 교장이 되겠습니다. 권위의식에 사로잡혀 군림하는 교장이 되지 않겠습니다. 모든 것을 내려놓고 낮은 자세로 여러분을 섬기도록 노력하겠습니다." 지난 3월 1일자 본교에 부임해서 80여 명의 교직원 앞에서 인사말 중에 언급한 말이다. 엊그제 같은데 3개월이 지나고 있다. 별 대책 없이 앞서는 마음으로 했던 말이 지금 생각하면 부끄러운 생각이다. 직원들과 첫 만남에서 언약과도 같은 것이었는데 낮은 자세로 섬기는 모습을 실천했는지 곰곰이 생각해본다. 실천하기에는 대단한 용기가 필요하다는 것을 깨닫고 있다. 어떤 어려움을 견딜 수 있는 인내심도 있어야 한다. 바보 같은 모습, 형편없는 모습으로 전락하는 것을 감내해야 한다. 교장의 존재를 인정받지 못하면서 단위학교 교육이 표류하는 모습도 간과할 수 없는 일이다. 이와 같은 주변 상황이 어려운 지경에 빠져들고 있음을 예상하고 의식하지 않을 수 없는 것이다. 이런 연유로 첫 만남에서 선언했던 겸손과 낮은 자세를 과감하게, 용기 있게 실천하지 못하고 주저하고 있는 것이다.

하지만 개별적인 업무추진 과정에서는 선생님들의 전문가적 소양을 최대한 존중해주었다. 한편 간부회의, 부장회의 등에서는 CEO의 역할을 과감히 드러내면서 의사결정을 주도했고 보이지 않는 곳에서 학교장의 의도를 이끌고 점검했던 것 같다. 어떤 면에서는 배후에서 절대적인 영향력을 행사하는 뻔뻔한 모습으로 학교 교육을 이끌어왔다는 자책감을 갖고 있다. 겸손과 섬김의 자세는 현실적으로 허용 못 하는 한계가 있는 것 같다.

타인보다 자신만을 위하는 삶의 행태가 팽배해지고 있는 요즈음 겸손(humility)의 어원에서 얻을 수 있는 교훈은 자신을 낮추어 다른 생물체를 세워주는 '흙'처럼 남을 인정하는 태도와 자신보다 다른 사람을 먼저 생각하는 것이 무엇보다 중요하다는 생각이다. 그로 인해 더 단단하고 튼튼해지는 자신을 깨닫게 된다는 것은 인생에 귀한 소득이라고 할 수 있다. 성경은 태초에 사람을 흙으로 빚었다고 말씀하고 있다. 흙으로 창조된 인간이기에 어쩌면 겸손은 이미 우리의 내면에 잠재하고 있을지도 모른다. 인간의 내면에 잠재하고 있는 그 본성이 드러나면서 겸손을 실천하는 아름다운 삶이 사회를 정의롭게 만들었으면 하는 소망이다.

+ + +

종점 앞에 다다른 속절없는 인생

오랜만에 만나는 친구들 대부분의 인사가 "요즘 어떻게 지내느냐?"다. 정년퇴임한 어느 교장선생님의 대답이 걸작이다. "먹는 일로 바쁘다"고 말한다. 무엇을 그리 바쁘도록 먹는단 말인가? 언뜻 들어 농담이나 너스레 같지만 음미해보면 수긍이 간다. 산다는 것은 밥이나 물만 먹는 것이 아니다. 세월도 먹고, 나이도 먹고, 또 약도 먹고, 눈치도 먹고, 욕도 먹고, 때로는 겁도 먹고, 애도 먹고, 게다가 마음까지도 수시로 바꿔 먹어야 한다.

나 또한 어찌 다르랴. 생각해보면 먹는 게 수도 없이 많다. 산다는 것은 전부 먹는 것이다. 먹는 것은 곧 죽음으로 가는 과정이다. "먹기 위해 사느냐, 살기 위해 먹느냐?"에 대한 정답은 없다. 누구나 나이 먹는 건 피할 수 없다. 쉼 없이 먹어야 하는 게 세월이고 나이다. 음식을 먹는 것은 고픈 배만 채우면 끝이다. 그리고 음식은 먹으면 소화되고 배설되지만 세월과 나이는 먹을수록 쌓여 죽음의 원인이 된다. 먹은 나이가 쌓이면 약도 먹어야 하고, 병원 다니며 돈도 까먹어야 한다. 점점 내가 한 말과 행동도 책임질 수 없을 만큼 가물가물 정신까지 까먹게 된다. 맛도 모르고, 양도 모르지만 나이 먹을수록 제일 많이 까먹는 게 정신이다. 잊어먹는 것들이 많아지면서, 끝내는 소중한 약속까지도 까먹게 된다. 먹는 것 중에서도 잊어먹는 것만큼 서글픈 것도 없다.

"요즘 어떻게 지내느냐?"는 친구들의 인사는 나이 들어 일선에서 은퇴한 인생들끼리 자조적 푸념일 수밖에 없다. 세월은 흐른다고 하고, 나이는 먹는다고 한다. 그러나 흐르는 세월이나, 먹는 나이나 의미는 다르지 않다. 그 세월에 그 나이다. 나이는 누가 먹으라고 해서 먹는 것도 아니고, 또 먹기 싫다고 거절할 수도 없다.

맛도 모르고 먹는 게 나이다. 또 먹을수록 체력과 기력이 약해지는 게 나이다. 나이는 먹을수록 사회적으로 소외당하기 마련이다. 심지어는 내 가족들조차도 관심이 옛날 같지 않다. 은퇴라는 이름은 사회구성원 대열에서 밀려나는 죄(罪)명이다. '은퇴'란 단순하게 퇴직만을 의미하는 단어가 아니다. 아무리 대범한 척해도 은퇴란 서러운 말이다. 하루 한시도 건너뜀 없이 열심히 살아왔건만, 삶은 어느새 회기점을 타고 넘어 석양빛 막다른 골목에 접어든 것이다. 세월이 허무해지고, 야속해지는 이유다.

나는 어떤 마음을 얼마만큼 먹고 살아왔는가. '삶은 마음먹기 달렸다'는 속담은 철학이고 진실이다. 사람이 살면서 가장 많이 먹고 사는 게 세월이고 마음이다. 좋은 마음 먹고 성공하는 인생도 있고, 나쁜 마음 먹고 실패하는 인생도 있다. 마음먹기 따라 운명이 좌우된다.

슬퍼서, 기뻐서, 또는 알게 모르게 내가 머금고 삼킨 눈물도 헤아릴 수 없다. 구절양장(九折羊腸) 험준한 애환의 언덕을 기어올라 이제 겨우 무거운 등짐 벗어놓고 고달팠던 옛길 되돌아보며 가쁜 숨을 돌린다. 속절없는 인생은 어느덧 현실과 환상을 넘나들며 죽음까지 떠올려야 하는 종점 앞에 다달았다. 먹은 나이를 되돌아보고, 흐른 세월을 반성해 본다. 살아오는 동안 내가 먹은 것은 또 있다. 안절부절 일일여삼추(一日如三秋) 같은 애도 먹어야 했고, 또 생사를 가르는 위급한 기로에서 많은 겁도 먹어야 했다. 경쟁을 동반해야 하는 삶의 이치는 누구나 같다. 경우에 따라선 가시 돋친 돈에 유혹돼 잘못 먹고 패가망신하는 인생도 숱하게 보았다.

이 세상에 떠도는 온갖 부정비리는 모두 잘못 먹은 돈 때문이다. 자살로 끝내야 했던 어느 전직 대통령의 비극도 잘못 먹은 돈 때문이 아니던가. 식성은 타고나는 본능이라지만 먹기 때문에 죽는 것 또한 인생이다.

+ + +

영화 한 편의 소고(小考)

며칠 전 어떤 분이 요즘 지방신문에서 필자의 글을 접하기 어렵다고 하면서 그동안 게재했던 글에 대해서 호평과 격려를 아끼지 않았다. 시대적 이슈는 물론 사회 각 분야에 대한 전방위적인 비판의 날을 세워서 독자들의 흥미를 북돋운다는 것이다. 밋밋한 문학적인 표현이나 전공분야의 지루하고 난해한 글과는 다른 차원의 글이라고 말한다.

글은 글의 소재가 있어야 하고 그 소재에 대한 욕구와 상상력이 있어야 한 편의 글이 완성되는 것이다. 글의 소재 선택에는 어느 누구를 의식하거나 구속받지 말아야 한다.

필자는 비판적인 성향의 글을 쓰면서 비판의 한계가 있고 감히 넘을 수 없는 성역이 있음을 느끼고 있다. 얼마 전 모 지방지에 그동안 지역사회 이슈로 논란이 되었던 황해경제자유구역송악지구 개발사업, 무분별한 공장 입주로 인한 공해문제 등 지역의 현안문제에 대한 필자의 소견을 언급했었다. 지방자치단체는 물론 정치권과 연계된 첨예한 사안으로 지면에 게재해서 공론화한다는 것이 조심스러움을 알고 있다. 또한 지자체 장의 시 행정에 대해 비판적인 의견을 신랄하게 표출하기도 했다. 그로 인하여 어떤 분으로부터 교육자의 품위에 맞지 않는다며 그런 성향의 글은 자제해달라는 점잖은 충고를 받았던 것이다. 이후로 글의 소재가 떠오르지 않고 괜찮은 글감이 있어도 한계의 제약으로 주저하게 되었음이 솔직한 심정이다. 열화와 같은 성원은 아니지만 독자들의 욕구를 충족하고 허전함을 달래기 위해서 오랜만에 무뎌진 필을 들었다.

비교적 여유로운 주말이면 인터넷에 들어가 평소에 보고 싶었던 영화를 감상하면서 무료함을 달래곤 한다. 다양한 정보를 제공해주는 인터넷 메가패스의 영화 사이트에 들어가면 그동안 상영되었던 모든 영화가 장르별로 분류되어 이를 시청하도록 제공해주고 있다. 지난 주말에는 시청자들의 평점이 가장 높은 〈사랑을 하는 여자: 창녀〉란 제목의 영화를 감상하였다. 미셸 포르제와 노에미 고뎅-비뇨 주연, 클로드 푸니어 감독 작이다.

영화에서의 주인공은 조르주 게렝과 데이지 두 남여이다. 남자 주인공 조르주 게렝은 당대의 명망 있는 베스트셀러 작가이다. 유명 출판사와 출판 계약을 했지만 상상력이 고갈되어 계약기간은 다가오는데 집필 중인 원고를 완성하지 못하고 있다. 가끔 카페에 들러 상상력을 짜내보지만 창작의 한계에 부딪힐 뿐이다. 아이디어를 짜내다가 절망하기를 반복하는 것이 그의 일상이었다.

어느 날 카페에서 우연히 데이지라는 이름의 아가씨를 만나게 된다. 대화 중에 여자의 직업을 물었다. 가장 오래전부터 있던 직업이고 전문직이라고 한다. 무슨 직업인지 의아한 생각으로 다시 물었다. 머뭇거리다가 어렵게 대답한다. 몸을 파는 창녀라고 하였다. 그녀는 매춘을 하게 된 동기부터 그동안 그 직에 종사하면서 갖가지 경험담을 적나라하게 이야기한다. 남자 주인공 조르주 게렝은 그녀와 만나는 횟수를 거듭하면서 깊은 사랑에 빠지게 된다. 남자의 요청에 의해서 만날 때에는 만나는 시간을 계산해서 돈을 건네주기도 했다. 조르주 게렝은 그녀를 만나면서부터 그녀의 삶을 소재로 글을 쓰기 시작한다. 창녀의 삶을 주제로 글을 쓰는 것이다. 조르주 게렝 부인은 성행위를 묘사한 음란한 내용의 글에 남편을 나무라지만 아랑곳하지 않고 밤을 새우며 글을 쓰곤 한다. 드디어 원고가 완성되어 출판사에 넘겨준다. 편집장으로부터 훌륭한 작품이라고 격찬을 듣는다. 책 박람회에서 가장 우수한 작품으로 선정되기도 하였다.

며칠 전에 앞으로 나를 만나기 어렵다는 말을 남기고 떠난 데이지를 사방으로 수소문하지만 찾지 못한다. 어렵게 그녀의 집을 찾게 된다. 자기 딸로부터 얘기를 많이 들었다며 그녀의 부모가 반갑게 맞이한다. 데이지의 소식을 물었을 때 충격적인 얘기를 듣는다. 그동안 췌장암으로 투병하다가 며칠 전에 죽었다는 것이다. 그리고 데이지는 문학 수업을 받는 대학생이었고 작가가 되는 것이 꿈이었다고 한다. 조르주 게렝은 발걸음을 돌려 둘만의 공간으로 마련했던 별장으로 간다. 데이지 부모가 건네준 사진을 벽에 걸고 그 사진 앞에서 아름다웠던 사랑을 회상하며 깊은 상념에 젖는다. 그리고 서재에서 시리고 아픈 사랑과 인생의 무상함에 대한 집필 모습으로 영화가 끝난다.

필자는 교육이라는 색깔이 있는 학교의 울타리 안에서 잔뼈가 굵었다. 격에 맞지 않는 정치, 사회 분야의 전방위적인 비판적 안목을 갖는다는 것이 하룻강아지 범 무서운 줄 모르는 무모한 발상임을 깨닫는다. 필자의 글에 대해서 냉소적인 독자들이 있는 것을 알고 있다. 다수의 소리를 감지하지 못하는 현실감에 문제가 있음도 알고 있다.

소개한 영화의 주인공처럼 현장에 뛰어들어 탐색하고 체험할 때 창의적인 글, 독자들의 마음을 사로잡는 생명의 글을 쓸 수 있다는 깨달음으로 글을 맺는다.

+ + +

부끄러운 치부를 드러낸 글

글 쓴다는 것은 필자의 많은 것을 독자들에게 노출시키는 것이다. 삶의 모습을 과장해서 미화시킬 수도 있지만 부끄러운 치부를 드러낼 수도 있다. 살아가는 모습을 주제로 글을 쓴다면 마음속 깊은 곳에 있는 내면을 가식 없이 순수하게 표현할 때 독자들에게 감동을 주는 것 같다. 그동안 많은 글을 써서 지상에 게재했지만 글다운 글이었는지 생각해본다. 글 쓰는 횟수를 더하면서 글에 대한 자신감보다는 소재가 빈곤해지고 표현력이 옹졸해지는 것 같아 점점 필력이 둔화된다는 느낌이다. 물론 자신의 삶이 단순하고 다양한 체험을 하지 못해서 그렇기도 하겠지만 아무래도 나이 탓인 것 같다. 신체 각 기관의 노화현상으로 지체가 둔해짐은 물론 기억력이 감퇴하면서 건망증이 심해지고 상상력이 무뎌지기 때문이라는 생각이 든다. 때로는 지인들의 호평을 받기도 하지만 지나가는 말인 줄 알기에 필자의 글을 읽어줬다는 데 의미를 부여하고 있다.

신문에 글을 게재하기 전에는 지방지 따위는 신문도 아니라는 생각을 했었다. 거기에 게재되는 글들은 수준 이하이고 나와는 아무 상관없는 내용이라고 치부(置簿)해 버렸던 것이다. 그동안 주로 중앙지를 읽었고 사이버

공간을 통해 중앙지 중에서도 조중동을 즐겨봤다. 언제부터인가 지방지에 글을 올리고 구독하게 되면서 지방지에 대한 인식이 바뀌게 되었다. 거기에는 당진시민들의 삶의 모습이 생동감 있게 그려지고 있었다. 역동적으로 발전하는 당진시의 모습을 신문을 통해서 찾아볼 수 있었다. 당진시민으로서 얻어야 할 각종 정보는 물론이고 시민의 일원으로 공동체 의식을 가질 수 있겠다는 생각이 들었다. 신문을 통해서 건전한 시민의식을 갖고 각종 행사나 단체 활동에 동참할 수 있는 계기도 가질 수 있다는 생각도 가져봤다. 지방지를 한 가정에 한 부 정도는 구독해서 필요하고 유익한 정보를 얻고 삶의 질을 개선해 나가길 감히 시민들에게 권하고 싶다.

그동안 필자는 오래전부터 지방지 칼럼난에 글을 게재해왔다. 글의 성향이 보수적인 색채가 강하면서 비판적인 글을 주로 썼다. 이같이 편향적인 글을 쓰면서 외부의 공격으로 심적인 어려움도 많이 겪었다. 지금 생각하면 어두운 음지를 드러내고 약자의 편에서 힐난(詰難)했던 것이 분에 넘치기는 했지만 후회는 하지 않는다. 그리고 의도적인 사회 정화적 측면이 있었지만 필자의 주장으로 지역사회가 새롭게 변화되고 발전의 촉매제가 되었다고 감히 생각하지는 않는다. 하지만 독자들에게 미처 깨닫지 못했던 면을 파헤쳐 부각시키고 같이 공감할 수 있었던 것에 자부심을 갖는다.

요즘 지방지의 칼럼난에 게재되는 글들을 관심 있게 읽어본다. 남의 글에 대하여 말한다는 것이 좀 주제넘긴 하지만 글의 형식 즉 서론, 본론, 결론의 기본적인 틀을 갖추지 못한 글이 있는 것 같다. 직업과 신분에 어울리는 전문가적인 소양을 갖고 깊이 있는 글, 독자를 내면화시킬 수 있는 글을 썼으면 좋겠다는 생각도 해봤다. 교육자는 교육자다운 글을 써서 사회의 선각자적(先覺者的)인 역할을 해야 하고 정치인은 정치인다운 글을 써서 지역사회에 비전을 제시하고 지역행정 발전에 기여해야 한다. 종교 지도자는 지역

복음화와 정의로운 사회 구현에 앞장서야 한다. 목회자가 선정적(煽情的)인 글을 썼다면 품격에 문제가 있음을 따지지 않을 수 없다.

글이란 독자들에게 감동을 주어야 한다. 또한 독자들을 매료시켜서 내면화할 수 있도록 하고 건전한 사고를 통하여 올바른 인간상을 정립할 수 있도록 해야 한다. 지역사회가 정화되고 건전한 인간관계가 형성되어 사랑이 넘치는 사회를 조성해 나갈 수 있도록 해야 한다. 특히 지방지에 기고하는 글은 흥미 본위의 글이나 선정적인 글보다는 시민들 모두가 이웃이라는 공동체 의식을 갖고 현안문제를 해결함은 물론 지역 발전에 헌신적으로 임할 수 있도록 동기화시킬 수 있는 글을 써야 한다. 이것이 글의 힘이고 필자의 사명이라 생각한다.

+ + +

용기와 정론직필의 신념

지방지에 벌써 수십 편의 글을 올리면서 지역사회 유명인사가 된 것 같아 어깨가 으쓱해질 때가 있다. 혹자는 필자의 글이 예리한 비판의 날을 세워 용기 있는 글을 써서 세간에 화제를 불러일으킨다고 한다. 그리고 감히 다른 사람들이 접근할 수 없는 성역을 드러내어 비판하고 공론화시킨다는 것이다. 정계에 적을 두었던 어느 지방 정치인은 필자의 글이 지면에 올라오면 다른 기사는 제쳐두고 우선 읽어본다고 하면서 용기를 북돋우는 격려와 함께 우려의 조언을 보내주었다. 출향인사 중 어떤 분은 교장실 전화를 통해서 벅찬 감격의 말을 거침없이 해주었다. "김 교장 같은 분이 고향 당진을 지키면서 당진 발전에 기여하고 있다는 것이 자랑스럽다"고 하면서 공무원의 신분임을 감안할 때 걱정스런 면을 잊지 않았다.

얼마 전에 필자는 어느 지방지에 6 · 2 지방선거에서 당선된 군수의 군정에 대해서 조언이라고 말하면 무례한 것 같고 나름의 생각을 피력한 적이 있다. '새 술을 새 부대에 담아라'라는 제하의 글에서는 새 술을 새 부대에 담아야 하는 과학적이고 실용적인 근거를 제시하였다.

유대인들이 포도주를 만들 때 양가죽 부대에 담아서 자연적으로 발효시키는데 발효가 끝난 포도주는 헌 가죽부대에 담아두어도 되지만 발효시키기 위해서 넣는 새 포도주는 발효할 때 작용하는 화학적 변화 때문에 가죽부대를 침식한다는 것이다. 그래서 발효 중인 새 술을 헌 가죽부대에 담으면 부대가 찢어져 술이 다 샌다는 것이다. 새 술을 새 부대에 담는 것은 탐미적인 이유가 아니고 반드시 그렇게 하지 않으면 안 되는 과학적인 이유가 있는 것이다.

전임 군수의 참담한 배신행위로 군민들을 패닉 상태로 빠지게 했던 사건은 우리 군민 모두에게 부끄러운 자성의 계기로 삼아야 했었다. 필자는 당진군의 명예를 회복하고 규모 있는 신흥 공업도시 당진을 역동적으로 이끌어가기 위해서는 새로운 수장 휘하의 조직 진용을 새롭게 짜야 한다고 하면서 정의로운 조직이 살아 움직일 때 수장의 지혜가 번득이고 수장의 역량이 빛을 발한다고 주장했었다.

'군수님의 용단이 당진 발전사에 길이 남길 바란다'는 제하로 쓴 글에서는 당진군의 애물단지로 여기는 황해경제자유구역 조성사업 추진은 당진의 백년대계 명운이 걸려 있는 사업이라고 강력하게 주장하였다. 본 사업은 국제 무역타운과 산업단지, 상업 주거단지 등을 갖춘 동북아 최고의 첨단도시로 개발하는 국책사업이기 때문에 규모 있는 도시로 발전하기 위해서는 개발사업을 정부 원안대로 추진해야 한다고 주장하였다. 여러 가지 여건에 비추어 부정적인 견해도 상당히 있는 것 같다. 하지만 이 같은 중차대한 사업을 추진하자면 이견이 있고 반대 여론이 있을 수 있다. 중요한 것은 지자체 수장의 주관보다는 여론의 대세를 주목하고 이에 순응하는 것이 올바른 민주행정이 아닌가 생각한다. 그런 의도에서 필자는 지역사회 현안문제의 실상과 필자의 견해를 피력했던 것이다.

위의 글을 접했던 지방 정치인들, 경인지역의 출향 인사들, 그리고 가까운 지인들은 필자 특유의 예리한 비판적인 논조에 용기를 주는 격려와 함께 우려의 조언을 아끼지 않았다. 사실 모 기관으로부터 필자의 소신을 꺾지 않으면 윗분한테 불려갈 수도 있다는 군정시대의 유물 같은 얘기도 들었다.

본 지면에 투고하는 필자들에게 감히 당부하고 싶은 것은 전문서적에서나 볼 수 있는 폐쇄적인 글보다 지역민들이 읽고 공감할 수 있는 글, 지역사회를 발전 지향적으로 여론을 공론화할 수 있는 글이었으면 좋겠다는 생각이다. 불의와 타협하지 않고 외압에도 굴하지 않는 정론직필의 신념을 갖고 용기 있는 글을 쓸 때 정의로운 사회가 만들어지고 건전한 민주의식이 함양될 것이라는 생각을 해본다.

+ + +
# 드러내고 싶은 속살

오랜만에 글을 게재하는 것 같다. 많은 사람은 아니지만 지상에 필자의 글이 요즘 뜸하다고 얘기하는 사람들이 있다. 물론 그 사람들의 요구로 글을 쓰는 것은 아니다. 며칠 전에 원고 청탁을 받고 글의 소재를 찾지 못해 망설이다가 필을 들었다.

대부분 사람은 글의 소재를 자신의 삶의 주변에서 찾는다. 글 쓰는 사람의 주관과 삶의 모습이 있고 사고 성향이 있기도 하다. 이어지는 글의 내용도 필자 자신의 생활 모습을 그려보는 것으로 소재를 잡아보려고 한다. 물론 삶의 어두운 면을 언급하여 치부를 드러내지는 않겠다. 독자들에게 감동을 주는 것도 좋지만 미사여구로 꾸며서 자신의 삶을 그려볼 생각이다. 자기과시, 자기도취에 빠진 글이 되지 않을까 걱정이 되기도 한다. 독자들의 이해와 넓은 혜량을 구하며 녹슬고 무디어진 필을 이어본다.

새벽잠이 없는 것은 나이 탓인 것 같다. 새벽 5시 이전에 일어나곤 한다. 그 시간에 일어나면 컴퓨터 앞에 앉아 인터넷에서 각종 신문을 뒤적인다. 주로 조중동 중앙지에서 세상 돌아가는 모습을 살펴본다. 주로 가벼운 잡기사보다는 칼럼이나 사설 쪽을 읽는다. 국내외 정세를 깊이 있게 그리고 냉철하게 파악할 수 있어서 좋은 것 같다.

요즘 같은 경우는 언론의 헤드라인을 장식하는 선거 관련 기사를 많이 보게 된다. 여야 모두가 새롭고 참신한 인물을 등장시켜 이미지 쇄신을 위해 고심하고 있는 것 같다. 국민들도 정치판이 구태에서 벗어나 새롭게 거듭나기 위한 몸부림으로 받아들이는 것 같다.

우리 지방도 낡은 선거 풍속도가 바뀌었으면 좋겠다. 조직에 얽매이고 지연과 학연 같은 근시안적인 사고에서 벗어나 참신하고 능력 있는 일꾼을 뽑는 선거가 되었으면 좋겠다.

인터넷을 뒤적이다가 6시가 되면 어김없이 가는 곳이 있다. 당진초 체육관이다. 새벽마다 체육관에 나가서 배드민턴 운동을 한다. 운동을 시작한 지 2년 가까이 된 것 같다. 처음에 나가기 시작하면서 스윙 폼이나 라켓 잡는 방법이 서투르고 체육관 분위기가 낯설었는데 요즘은 제법 분위기에 잘 적응하면서 기존의 동호인들과 잘 어울리고 있다. 그만큼 기량이 향상되었다는 뜻이다. 구력이 20, 30년 된 노인들과 경기해서 쉽게 지지 않을 정도의 수준으로 기량이 향상되었다고 자부한다. 주관적인 생각이 아니고 주위 사람들이 그렇게 평가하는 것 같다. 아침 운동과 관련해서 얘기할 때면 입버릇처럼 하루 생활 중 가장 즐겁고 행복한 시간이라고 얘기한다.

돈을 벌어서 노후 대책을 세우는 것도 중요하지만 나이 들어 격에 맞는 동아리에서 지속적으로 운동하는 것도 노후 건강관리에 좋겠다는 생각을 한다.

한 시간 정도 운동을 하고 집에 가면 7시쯤 된다. 책상 앞에 앉아 설교집을 펼치고 설교 한 편을 소리 내어 읽는다. 설교집은 『설교핸드북』이라는 제목의 책인데 교단에서 명성이 높은 몇몇 목사님들이 집필한 책이다. 필자의 책꽂이에는 검은색 표지에 금박이 글씨로 인쇄된 열 권의 『설교핸드북』 책이 연도순으로 꽂혀 있다. 매년 연간으로 발행되는 책이니까 10년 동안 읽은 것이다. 아침마다 설교 한 편씩 읽으면 1년 동안 네 번 내지 다섯 번 정도 반복해서 읽는 것 같다. 그렇게 10년 동안 아침마다 습관처럼 읽어 온 것이다.

하루 일과를 마치고 저녁 시간에는 식사 후 남산 헬스장에 가서 운동을 한 시간 정도 한다. 운동 중에 아이폰에 저장된 유명 목사님들의 설교를 한 편씩 듣는다. 필자의 아이폰에는 우리나라 기독교 교단에서 내로라하는 목사님들의 설교가 백여 편 저장되어 있다. 운동할 때뿐만 아니라 장거리 여행할 때, 등산할 때 심지어는 잠자리에 들면서도 저장된 설교를 듣곤 한다. 이 같은 남다른 면에 믿음이 깊고 신앙에 대한 안목이 넓다는 자부심을 갖고 있다. 그러면서 교회를 바라보는 시각과 목회자들의 설교에 대한 비판적인 의식이 커짐을 걱정스럽게 생각한다. 내면에 잠재한 부정적인 의식의 용틀임을 억제하기가 쉽지 않은 것 같기도 하다.

제한된 지면이 넘칠 것 같아서 내용을 이만 줄여야 될 것 같다. 서두에 자신을 미화시켜 보겠다고 했는데 지금까지 쓴 글이 미화도 아니고 감동도 아닌 것 같아 부끄럽다. 자신의 삶을 주제로 글을 쓴다는 것은 그 속살을 어느 정도 드러내야 하는지 기준이 애매하기도 하다. 자기도취에 빠져 두서없이 엮어진 글이라는 생각에 독자들의 눈살을 찌푸리게 하는 내용은 아닌지 걱정도 된다.

+ + +

독자의 마음을 움직이는 글

지면에 자신의 글을 올린다는 것은 자신의 알몸을 드러내는 것과 같다. 이목구비가 뚜렷하고 몸매가 완벽한 모습이라면 의연하고 당당하게 드러내어 감동을 주고 찬사를 받을 수 있지만 균형 잡히지 못한 몸매이고 치부로 생각하는 상처가 있다면 애초에 자신의 모습을 드러내지 말아야 한다.

독자들은 필자의 주관과 혼이 있는 글을 공감하고 진한 감동을 느끼는 것이다. 자신의 주관적인 견해가 담겨 있지 않고 언론에 회자되는 얘기를 조합해서 짜깁기한 글이라면 자신의 부족한 모습을 가리는 가식적인 글이라 할 수 있다.

언제부터인가 지방신문 지면에 낯선 사람의 글이 가끔 올라와 주목을 받았다. 정치 성향의 색깔 있는 글을 쓰기도 하지만 고향 얘기, 어렸을 때 성장과정에서 지금 자신의 위상에 대한 글이 잔잔한 감동으로 와닿았다. 귀감이 될 수 있는 입지전적인 인물이라고도 생각했었다.

며칠 전 모 지방신문에 그분이 지방선거를 앞두고 정치판을 기웃거린다는 기사를 읽었다. 물론 자신을 지역사회에 드러내기 위한 글을 부정적으로 비난하는 것은 아니지만 이처럼 의도적인 글은 순수성이 떨어진다는 생각을 해본다. 자신의 순수함 그대로가 아닌 위장된 모습, 가식적인 글이었다는 생각에 뒷맛이 씁쓸하다. 이런 글을 서두에서 언급한 몸매에 비유한다면 뭐라 말할 수 있을까? 부끄러운 치부를 감추고 자기과시를 위해서 위장한 모습이라 할 수 있을 것 같다.

야권에 적을 둔 어느 지방 정치인은 세종시 문제를 언급하면서 정부 여당의 신뢰 문제를 강하게 질타하고 있다. 관련법을 제정하는 데 동조한 여당과 후보시절 원안 그대로 추진하겠다는 공약을 내세웠던 대통령이 지금 와서 그 원안을 뒤집는 것은 국민은 물론 충청도민을 기만하고 우롱한다는 것이다.

이들은 수정안이 나와도 정부 여당을 신뢰할 수 없다고 하면서 대통령을 거짓말쟁이라고 비하적인 말을 한다. 유신정권, 5공 시절에 상상도 할 수 없었던 표현이다.

이명박 대통령은 대국민 토론회에서 솔직담백하게 사과했고 원안을 수정해야 하는 불가피성을 피력하였다. 정책 판단을 잘못한 대통령이 되지 않기 위해서 그리고 국가와 민족, 충청도민을 위한 결단이라고 했다. 대통령의 설득력 있는 진솔한 얘기를 들으며 국민들은 머리를 끄덕였다. 하지만 원안 고수자들은 당론과 비판적인 여론을 자신의 견해인 것처럼 주장하면서 대통령을 신뢰할 수 없다는 것이다.

필자의 글이 세종시 수정안을 지지하는 듯하여 정부 여당의 홍보대사로 착각하는 독자들이 있는 것 같다. 자신의 생각을 주장하고 다른 사람들의 견해를 비판하면서 독자들의 올바른 판단을 유도하기 위한 취지이다. 물론 어느 쪽을 지지하든 그 판단은 독자들의 몫이라 생각한다.

기왕 지면에 게재한 논객들의 글에 대한 견해를 밝히면서 더 언급하고 싶은 사람들의 글이 있다. 다름 아닌 종교인들의 사명의식에 대한 글이다.

지면에서 목사님들의 글을 가끔 대하면서 실망스러울 때가 있다. 이분들의 글은 목자의 사명을 감당하기 위한 글이어야 한다. 세상적인 글, 사탄의 권세와 결탁하고 찬양하는 듯한 글은 차라리 목회자의 명함을 감추는 것이 좋겠다는 생각이 들었다. 하나님을 섬기는 백성들이 읽고 깨닫고 회개할 수 있는 글, 이방인들에게 감동을 주어 하나님 말씀에 이끌림 당하는 글이었으면 하는 아쉬운 생각이다.

필자는 서두에서 지면에 글을 게재하는 것은 자신의 알몸을 드러내는 것과 같다고 했다. 자신이 처하고 있는 위치와 환경에서 배어나는 글, 위선과 가식의 글이 아닌 진솔한 양심의 글, 지역사회를 건전하게 선도하겠다는 의지력과 사명감이 충만한 글이었으면 좋겠다는 생각이다.

지역정서를 이끌어나가고 건전한 사회풍토를 조성하여 살맛나는 지역사회 건설에 앞장서야 할 사람이 과연 누구일까? 필자 자신에게 주어진 사명이라는 주체의식을 갖고 용기 있는 글을 써야 한다. 그런 글이 독자의 마음을 움직이고 혼탁한 지역사회를 정화시킬 수 있다는 믿음을 주게 되는 것이다.

+ + +

2월 末과 3월 初 새내기 선생님들의 힘찬 출발을 기대하며

매년 2월 말경이면 기다림과 설렘으로 학교 분위기가 어수선하다. 원하는 곳으로 가기 위해서 내신을 낸 선생님들은 그곳으로 갈 수 있을까, 하는 생각의 기다림이 있고 새로 오시는 선생님들은 어떤 분들일까, 하는 기대와 설렘으로 일손이 잡히지 않는다. 혼기를 놓친 총각, 처녀 선생님들은 다른 생각을 갖고 있는 것 같기도 하다. 또한 올해는 몇 학년, 어떤 업무를 맡게 될지도 선생님들에게는 큰 관심사이다.

인사는 만사란 말이 있다. 적재적소에 사람을 기용하는 것이 중요함을 뜻한다. 혹자는 인사를 통해서 80, 90%의 과업성패를 말하고 있다. 인사철이 되면 갖가지 루머가 난무하고 민간발령이라는 공감대가 형성되기도 한다.

인사발령 뚜껑이 열리면 '이 사람이 왜 그곳으로 갔지?' '그 사람은 왜 이곳으로 왔지?' 하는 의문을 자아내기도 한다. 이처럼 여러 사람들의 입에 회자되었던 예측과 전혀 빗나간 인사일 경우도 있다.

민간발령은 여론이다. 모든 사람이 공감하는 기대감인 것이다. 많은 사람이 의문을 자아내는 인사발령이라면 바람직한 인사라 할 수 없다. 그 자리에 어울리지 않는 부적절한 사람이 앉아 있다면 능률적인 업무창출 효과를 기대할 수 있을까 하는 생각이다. 몇 학급 안 되는 소규모 집단인 학교에서도 교육과정운영계획의 성과를 극대화하기 위해서 며칠간의 고민 끝에 학급담임과 업무를 배정하고 있다. 더구나 교육 외적인 배경으로 인한 인사였다면 할 말을 잃게 되는 것이다.

인사와 관련해서 더 이상 쓰면 바닥을 드러내는 것 같기도 하고 색깔 있는 얘기가 될 거 같아서 이만 줄이고 지면 공간을 채워야 될 것 같아서 본교에서 학년 말 방학에 계획했던 직원연수 사례를 써보려고 한다.

교원들의 인사발령 후 본교에 초임발령 받은 새내기 선생님들의 부모님들을 초청하여 자녀를 훌륭히 가르쳐 본교에 발령받도록 한 노고를 치하하고 앞으로 학교 교육활동에 전념할 수 있도록 뒷바라지해줄 것을 당부했다.

이어서 2일간의 일정 계획에 의해서 신학년도 계획과 관련한 직원 연수를 가졌다. 학교장 경영방침 얘기하는 것을 시작으로 2009학년도 교육과정운영계획, 담임 및 업무분장 등을 발표하였고 2008학년도 학급경영 우수사례, 수업연구대회에 참가하여 입상한 선생님들의 사례 등을 발표하는 시간도 가졌다. 금학년도 도지정 연구학교로 지정되어 그 운영 계획을 발표하는 등 알차고 유익한 연수가 되도록 노력했다.

이번 인사이동으로 5명의 교사가 관내 및 타, 시군으로 전출 발령되고 3개 학급 증설로 8명의 교사가 전입 발령되었다. 그중에는 4명의 신규 전입 발령자가 있었다. 연수 프로그램 중에는 부임교사들의 자기소개 및 소감을 얘기하는 시간도 있었다. 새내기 교사들의 긴장된 모습이었지만 앞으로의 포부와 소감을 조리 있고 당당하게 발표하는 모습을 보면서 2009학년도 송악교육의 희망과 비전을 예견할 수 있었다. 2일간의 연수일정은 웃음꽃을 피우며 화기애애한 가운데 진행되었고 둘째 날 오후에는 체육연수 시간을 통해서 부임교사들의 서툰 배구실력을 확인하기도 했다. 이어서 저녁회식을 환영회로 가졌고 2차 노래방 연수로 2일간의 직원연수 일정을 끝냈다.

햇병아리 교사들이 내가 교장인 송악초등학교에 발령받아 첫발을 딛는데 앞으로 40여 년간 펼쳐질 교직생활에 어떤 영향을 미칠지 생각해본다. 내 모습이 그들에게 어떤 모습으로 각인될지도 생각해본다. 이들에게 발전의 계기가 되고 먼 훗날 잊지 못할 아름다운 추억으로 접어둘 수 있는 긍정적인 인연이었으면 좋겠다.

그리고 3월 새 학년을 맞아 활기차고 생동감 있는 교육활동을 이들에게 기대해본다.

회사후소(繪事後素)의 미학성

우종상(문학평론가 · 시인 · 문학박사)

1. 들머리

춘추전국시대(春秋戰國時代) 노(魯)나라의 공자(孔子)는 『논어(論語)』「팔일(八佾)」에서 다음과 같이 말하였다.

> 子夏問 "巧笑倩兮, 美目盼兮, 素以爲絢兮. 何謂也." 子曰 "繪事後素." 曰 "禮後乎." 子曰 "起予者 商也. 始可與言詩已矣."
>
> 자하가 여쭈었다. "'예쁜 미소에 팬 보조개, 아름다운 눈동자에 또렷한 눈, 흰 바탕에 여러 가지 색깔을 그렸구나'라는 말은 무슨 뜻입니까?" 공자께서 말씀하셨다. "그림 그리는 일은 흰 바탕 이후의 일이다." 자하가 여쭈었다. "예는(仁義) 다음에 온다는 것입니까?" 공자께서 말씀하셨다. "나를 일깨우는 자는 자하(商)로구나. 비로소 더불어 시를 이야기할 수 있게 되었구나."

공자께서 말씀하신 핵심은 회사후소(繪事後素)이다. 직역하면 흰 바탕이 있고 나서야 비로소 그림을 그린다는 뜻으로, 이 말은 대체로 '어떤 일의 본질이 있고 나서야 꾸밈이 있을 수 있다'는 의미로 사용된다. 역으로 말하면 겉으로 꾸며진 아름다움보다는 내면의 아름다움이 선행되어야 한다는 의미가 아닐까 한다. 곧 다시 말하면 그림[繪]을 그리는 일[事]은 하얀[素] 바탕이 있은 후[後]

에야 가능하다는 뜻으로 볼 수 있을 것이다.

마치 명경지수(明鏡止水)와 같이 투명하고 맑은 정신의 소유자인 작가가, 희고 깨끗한 그의 내면에서 문학이란 아름다운 수필을 그려낸다는 것은 곧 아름다움의 결정체이자 언어예술의 진수(眞髓)이며 공자께서 말씀하신 회사후소(繪事後素)의 결과가 아닐까 한다.

김종범 수필집 『갈대』는 1부 '공정하고 정의로운 세상' 18편, 2부 '각본 없는 드라마' 8편, 3부 '백년지대계(百年之大計)' 13편, 4부 '믿음, 소망 그리고 사랑' 14편, 5부 '자기도취에 빠진 글' 13편 등 전 5부 66편의 수필이 오롯이 자리하고 있다.

그의 수필집 제목인 『갈대』는 프랑스의 과학자며 철학자인 블레즈 파스칼(Blaise Pascal)의 명상록인 『팡세(Pensées)』에 나오는 "인간은 생각하는 갈대다"라는 구절에 기인하는데, 작가의 프롤로그에 수필집 제목을 『갈대』라고 한 이유가 제시되어 있다.

> "인간이 대자연 속에서 한 개의 갈대처럼 가냘프고 연약하지만 인간의 생각은 우주를 포옹할 수 있는 위대성을 지니고 있다는 뜻이다. 지방지에 기고했던 글 중에는 외롭게 서 있는 갈대에 불어닥친 돌풍 같은 사연이 있기도 하다. 앞뒤 가리지 못한 두서없는 글로 교직에서 인사 불이익을 받았던 일, 선거철 조직폭력배들의 위협 그리고 교계에서 장로 직분이 정지당했던 일들이 있었다.
>
> 책의 제목을 '갈대'라고 했다. 갈대는 약한 바람에도 금방 부러질 것 같은 가냘픈 존재다. 거친 세상에 대처하지 못하는 연약한 필자의 모습을 생각하면서 정한 제목이다."

그리고 "삶을 주제로 글을 쓸 때 '겸손'과 '대기만성'을 주제로 글을 쓰곤 하였다."라는 글에서 그의 수필 창작관의 중요한 모티브를 발견할 수 있게 한다.

회사후소(繪事後素)의 아름다운 그림을 그리는 일은 하얀 바탕이 있은 뒤에야 비로소 가능할 것이다. 우리는 실속 없고 겉모습만 화려하게 꾸미는 것이 일상이 되어버린 시대를 살고 있지만, 그동안 무관심하였고 잊고 있었던 내면의 아름다움을 수필집 『갈대』를 통하여 자기를 성찰하고 돌이켜보아야 할 이유의 중요성이 있다고 할 것이다.

윤오영은 수필의 정의를 "체험과 상상력에 의한 미의 창조"라고 하였으며, 김광섭은 "붓 가는 대로 쓴 글"로 규정하였는데, 수필의 특성을 함축적으로 정의하고 있다고 하겠다. 한편 르네 웰렉(Rene Wellek)과 오스틴 워렌(Austin Warren)은 『문학의 이론(Theory of Literature)』에서 "예술은 본질적으로는 아름답고, 예술적으로는 진실한 것이다."라고 하였는데, 이 말은 곧 문학의 기능은 독자에게 보다 고차원적이요, 정신적인 즐거움을 주는 동시에 인생이 무엇이며, 어떻게 살아야 할지를 가르쳐 주고 교시(敎示)하는 것이라고 말할 수 있을 것이란 측면에서 수필집 『갈대』는 많은 교훈과 감동과 시사점(示唆點)을 제시하고 있지 않을까 생각한다.

> "글 쓴다는 것은 필자의 많은 것을 독자들에게 노출시키는 것이다. 삶의 모습을 과장해서 미화시킬 수도 있지만 부끄러운 치부를 드러낼 수도 있다. 살아가는 모습을 주제로 글을 쓴다면 마음속 깊은 곳에 있는 내면을 가식 없이 순수하게 표현할 때 독자들에게 감동을 주는 것 같다."

서문에서 작가는 감동을 주는 글은 수식이나 과정 없이 마음속 깊은 곳의 내면을 있는 그대로 드러낼 때라고 의견을 피력하고 있음은 그의 수필 문학의 창작관을 밝히고 있음이 아닐까 생각한다. 김종범 작가는 그냥 지나치기 쉬운 평범하고 사소한 일들을 놓치지 않고 스케치하여 작품화시켰다는 것은 우연의 산물이 아니고 문학적 안목의 정치(精緻)한 필연적 산물의 소산이라는 것을 알 수 있게 한다.

우리 속담에 "구슬이 서 말이라도 꿰어야 보배[貫珠爲寶]"라는 말이 있다. 이 말은 아무리 성공하기 힘든 일인 것처럼 보여도 긍정의 힘을 믿고 노력하면 반드시 이룰 수 있다는 중석몰촉(中石沒鏃)과도 뜻이 통한다. 열정과 끊임없는 자기계발로 절차탁마(切磋琢磨)한 김종범 작가의 수필집 『갈대』에 있는 66편의 수필은 각자 개성 있는 문체와 문자향으로 수필 진수의 보배 역할을 하고 있다는 믿음을 갖게 하는 문장의 힘을 갖고 있다는 것을 그의 수필을 통해 확인하는 즐거움을 누리게 됨도 등화가친(燈火可親)의 계절에 누리는 안복(眼福)이 아닐까 한다.

2. 몸말

누구나 쉽게 가까이 다가갈 수 있으며, 가장 친근한 문학 양식인 수필(隨筆)은 말 그대로 "붓 가는 대로, 마음 내키는 대로 쓴 여러 종류의 글"이라고 정의한다.

"붓 가는 대로"라는 것은 까다로운 형식이나 법식을 필요로 하지 않는다는 뜻이 될 수 있을 것이다. 문학의 5대 장르에는 작품의 형상화에 따른 제약과 형식이 수반되지만, 수필처럼 자유분방한 글은 문학의 다른 장르에서는 도저히 그 유례를 찾아볼 수 없다. '수필을 대체로 무형식이 그 형식이며, 무기교가 그 기교다'라고 하는 것도 수필의 이러한 특성을 말한 것이 아닐까 한다. 이런 이유로 수필은 때로는 비문학적인 느낌을 주기도 한다.

김진섭(金晋燮)은 이러한 문학적 특성을 강조하여 수필을 "무질서, 무제약, 무형식, 무기교의 산만한 문학으로 비문학적인 인상을 주는 글"로 정의를 하기도 하였다.

그러나 수필은 일반적으로 쓰기 쉬우면서도 쓰기 어려운 글이라고 한다. 왜냐하면, 시나 소설은 비교적 까다로운 형식이 필요하기는 해도, 규정에 맞추어 쓰면 되지만 수필은 이런 형식이나 규정이 없고, 오직 쓰는 작가의 재량(裁量)에 의하여야 하기에 잘 쓰기가 어렵다고 할 수 있을 것이다.

"마음 내키는 대로"라는 것은 생각나는 대로 아무 부담 없이 그대로 쓰는 글이라는 뜻으로 볼 수 있을 것이다.

수필문학의 비조(鼻祖)인 프랑스의 몽테뉴(Michel de Montaigne)가 "수필은 마음의 보행(步行) 그대로의 모습"이라고 한 말도 유추하여 보면 위의 말과 그 맥락을 같이하고 있음을 발견하게 된다.

위의 여러 가지 사항을 종합하여 보면, 수필은 어느 문학작품보다도 가장 개

성적인 독백형식의 문학작품이라고 할 것이다. 곧 부연하면 수필 문학작품은 직접 작가 자신의 인생관, 자연관, 종교관, 철학관, 우주관은 물론 더 나아가 그 개인의 취미, 기호, 습관, 지식, 교양, 사상, 감정 등 모든 심적 자세를 솔직 담백하게 직접적으로 표백하는 글이란 뜻을 내포하고 있다는 말일 것이다.

김종범 작가의 수필집『갈대』의 제재(題材)는 실로 다양하다고 할 수 있다. 작가의 사상(事象)과 인간성, 취미, 습관, 예술, 교육, 정치, 경제와 시류(時流)에 대한 소회(素懷) 등 어느 것 하나 편파적인 문학관이 아니라, 그 제재에 대한 작가의 견해나 인상, 관찰, 신념, 사고 등을 자유스럽게 유로(流露)하여 일필휘지(一筆揮之)로 써 나갔기에 어느 쪽에도 치우치지 않는 독특한 산문 형식을 취하고 있음은 그의 작가적 역량 때문이 아닐까 한다.

수필은 그 제재가 매우 다양하고 광범위하기 때문에 나타나는 양식도 수상(隨想), 만필(漫筆), 만록(漫錄), 신변잡기(身邊雜記), 시평(時評), 사설(社說), 소론(小論), 일기문(日記文), 서간문(書簡文), 서사문(敍事文), 수상록(隨想錄), 회고록(回顧錄) 등 그 종류가 여러 가지 다양한 형태로 나타나는 것은 필연적 결과라 할 수 있을 것이다.

그러나 크게 대별하여 보면 미셀러니(Miscellany)와 에세이(Essay)로 나눌 수 있다. 미셀러니는 작가 자신의 신변잡기와 감상문 따위가 해당된다고 할 수 있으며, 대체로 모든 수필은 미셀러니가 많다고 볼 수 있다. 이러한 경수필(輕隨筆)은 문체가 부드럽고 정서적이며 시인, 작가들이나 일반 대중이 많이 즐겨 쓰는 수필의 형식이라고 생각할 수 있을 것이다.

에세이(Essay)는 수필의 비조라고 일컫는 프랑스의 몽테뉴가 'essais(시험해 본다)'란 말로 처음 쓴 말인데, 이 말은 형식과 기획 없이 시험적으로 자유스럽게 표현한다는 뜻이 된다고 할 것이다. 단편적인 소논문(小論文)이나 논설 등이 이에 속한다고 할 수 있으며, 문체는 다분히 토의적, 논의적, 지적인 경우가 많기 때문에 경수필보다 부드럽지 못하고 딱딱한 것이 일반적인 경향이라고 볼 수 있을 것이다. 수상(隨想), 수상록(隨想錄) 등과 같이 학자나 사상가들이 즐겨 사용하는 수필이 대체로 이에 속한다고 할 것이다.

김종범 작가의 수필집 『갈대』는 위의 정의에 비추어보면 에세이적 경향보다는 미셀러니적 경향에 치중하는 특성을 쉽게 발견할 수 있지 않을까 한다.

제1부 '공정하고 정의로운 세상'에는 18편의 수필이 올망졸망 자리하고 있다. 대체로 국제정세와 국내정세의 시사편향적인 수필과 작가가 거주하는 당진시와 관계된 지자체의 제반 문제들과 탄핵과 연관된 글감이 돋보인다고 하겠다. 특히 대미관계와 그에 따른 북한의 비핵화 조치의 속셈을 예리하게 분석하여 읽는 이의 판단력을 고려한 점이 독특하였다. 그리고 작가의 유려한 필체가 딱딱한 시사성 있는 문제들을 부드러운 글감으로 굴절시켜 전혀 거부감이 보이지 않는 것이 특이하다고 할 수 있을 것이다.

'망둥이가 뛰니까 꼴뚜기도 뛴다'란 속담이 있다. 이와 비슷한 뜻으로 '숭어가 뛰니까 망둥이도 뛴다'라는 속담도 있다. 남이 한다고 그럴 처지가 못 되는 사람까지 분수를 모르고 덩달아 뛴다는 말이다. 두 속담이 비슷한 의미를 갖고 있지만 깊이 따져보면 다른 뉘앙스를 준다. 속담에 등장하는 망둥이와 숭어를 비교해보면 주로 갯벌에서 사는 망둥이는 뛰어오르기를 잘하지만, 숭어에 비하면 어림도 없다. 주로 바다 연해와 강 하구에 사는 숭어는 점프력이 탁월하다. 꼬리로 물을 내려치며 수직으로 비상하는 모습은 그야말로 장관이다. 꼴뚜기 앞에서 으쓱대던 망둥이도 숭어 앞에선 처량한 신세가 된다.

지난주 모 지방지 전면에 작은 인물 사진들이 빼곡하게 채워져 있었다. 6·4 지방선거에 출사표를 던진 사람들이었다. 역대 최고의 경쟁률이라고 말한다. 왜 지방선거가 이같이 과열되어 망둥이와 꼴뚜기까지 덩달아 뛰는 것일까? 지역 유권자들의 지지를 받아 선출되면 자긍심을 갖고 지역민들을 위해 자신의 뜻을 펼칠 수 있기 때문일 것이다.

> 민주주의의 상징인 풀뿌리 지방자치 시대가 열린 지 20년이 되고 있다. 지방자치 제도가 성숙하여 성년이 되는 것이다. 그동안 우리 자치구역도 아쉽고 안

타까운 우여곡절이 많았다. 지방자치단체장의 수뢰혐의, 직권남용 등 토착비리 혐의로 영어의 신세가 된 것은 치욕적인 사건이었다.

—「숭어와 망둥이」 일부

언론은 매체를 통하여 어떤 사실을 밝혀 알리거나 어떤 문제에 대하여 여론을 형성하는 활동을 가리키는 일반 용어를 지칭하며, 민주주의 시대를 사는 우리에게 언론은 지식을 공유하는 수단인 동시에 방법이 되었으며, 국민들의 국가 정책에 대한 합의를 유도하며 알 권리를 충족시켜 주는 중요한 기구가 되었다고 하겠다.

구한말인 1883년 9월 박문국(博文局)이 설치되고 그해 10월 30일 마침내 우리나라 최초의 근대신문인 〈한성순보(漢城旬報)〉가 창간되었다. 그 후 1896년 4월 7일에 우리나라 최초의 근대적 민간신문인 〈독립신문〉이 탄생함으로써 비로소 민간신문 시대가 시작되었으며, 언론은 사람들의 상호작용을 이룩하는 수단이며, 아울러 사회과정의 현실적인 연결고리의 역할을 하고 있다고 하겠다.

김종범 작가는 지방신문 칼럼니스트로 언론계에서도 주목을 받는 역량 있는 분이다. 그의 소신 있는 필치(筆致)가 지방 여론의 따가운 시선을 받기도 하였다고 추정된다. 적당히 현실과 타협하지 않는 그의 강직한 성품은 작가의 의도와 전혀 다른 결과도 산출하였다는 생각도 든다.

당진시의 명운이 걸린 산적한 제반 문제를 조화롭게 이끌어 갈 단체장의 능력과 리더십을 강조하는 작가는 미래지향적인 일류지방자치단체를 실현하고 싶은 열망을 칼럼을 통해 사자후(獅子吼)로 독자들에게 강변하고 있다.

춘추전국시대 월(越)나라 왕 구천(句踐)이 전쟁에 패하고, 미인계(美人計)로 오(吳)나라 왕 부차(夫差)에게 와신상담(臥薪嘗膽) 복수를 하기 위해 바쳤던 여인인 서시(西施)가 심장병으로 아플 때면 얼굴을 찡그리곤 하였는데, 그 모습이 평소 얼굴보다 더 아름다워 서시의 강 건넛마을에 사는 동시(東施)라는 처녀가 서시를 닮아 찡그리는 얼굴을 하였다는 고사가 바로 '서시효빈(西施效矉)'이라고 한다. 서시효빈은 '눈살 찌푸리는 것을 흉내 낸다'는 뜻으로, '쓸데없이 남의 흉내를 내어 세상의 웃음거리가 되거나 남의 단점을 장점인 줄 알고 잘못 본받음'을 이르는 말이다.

「숭어와 망둥이」는 속담과 패러디로, 과열되는 지방정치 선거판의 허점을 여지없이 드러내기 위해 선거판에 뛰어드는 잡다한 사람들을 비유한 명수필이 아닐까 한다.

제2부 '각본 없는 드라마'에는 8편의 수필이 자리하고 있다. 특이한 것은 주로 야구에 관한 수필 내용이 많았다. '2015 WBSC 프리미어 12' 야구대회에서 대역전으로 일본을 물리친 기적과 같은 이야기와 인류의 화합과 평화를 다진 평창올림픽과 베트남 축구의 신기원을 이룬 박항서 감독의 이야기를 소재로 한 수필, 지구촌의 축제 리우올림픽, 가을 야구로 비상하는 한화 이글스와 충청인의 자존심 한화 이글스에 대한 수필 등 거의 스포츠에 관한 내용이 주를 이루었다.

> 프로야구 시즌이 돌아왔다. 지금은 개막전에 앞서 시범 경기가 펼쳐지고 있다. 지난 주말에 대전 구장에서 홈팀 한화와 LG의 첫 시범 경기가 있었다. 시범경기인데도 입장권이 매진될 정도로 야구팬들이 몰려들었다. 그동안 한화 이글스는 야구팬들의 성원에 어떤 보답을 했는가 생각해본다.
>
> 야구는 한 편의 드라마와 같다. 선수들의 기량과 감독의 역량도 작용하지만 당일 컨디션과 운(運)도 많이 따르는 것 같다.
>
> —「입장권 매진된 시범 경기」 일부

야구에 대한 남다른 김종범 작가의 열의가 수필의 소재가 되었다. 부산을 연고로 한 롯데 자이언츠가 성적 부진으로 인하여 플레이오프에 진출하지 못한 아쉬움과 충청도 연고인 한화 이글스의 선수면모를 비교하면서 시범 경기로 인한 전력 향상에 대한 남다른 기대를 드러내고 있다.

작가는 3월 28일 서울 목동 경기장에서 개최되는 한화와 넥센의 개막전을 관람하기 위해 자식들에게 문자를 보내 응원으로 힘을 보태고 있으며, 한화에 대한 특별한 사랑과 남다른 애정으로 한화 이글스의 선전(善戰)에 기여하고자 하고 있다. 한마디로 김종범 작가는 애향심이 유별난 분이라는 것과 야구광이라는 것을 나타내는 수필이 아닐까 한다.

제3부 '백년지대계'에는 13편의 수필이 자리를 잡고 있다. 김종범 작가는 40여 년간 교직에 종사하다가 초등 교장 선생님으로 정년퇴임하였기에 누구보다 교육 현장의 실태에 정통하신 분이다. 교육 현장의 제반문제점과 현실과 애로점을 잘 알고 있기에 교육다운 교육이 되기를 갈망한다. 때로는 부끄러운 교육의 자화상과 부조리한 점에 대하여 개탄하기도 하며, 때로는 공교육이 취할 자세와 태도를 질타하기도 한다.

'일년지계 막여수곡, 십년지계 막여수목, 종신지계 막여수인(一年之計 莫如樹穀, 十年之計 莫如樹木, 終身之計 莫如樹人)'이라고 중국 춘추전국시대 제(齊)나라의 정치가 관중(管仲)은 말하였는데, 일 년의 계획은 곡식 심는 것만 한 게 없고, 십 년의 계획은 나무 심는 것만 한 게 없고 죽을 때까지의 계획은 사람 심는 것만 한 게 없다고 하여 먼 장래를 내다보고 세우는 큰 계획이란 뜻의 '교육백년지대계(敎育百年之大計)'라는 말이 쓰이게 되었다.

> 교직에 있으면서 학교장을 역임할 때에는 매주 월요일에 있는 학생 조회를 단 한 번도 거른 적이 없다. 학교장 재임 동안 한결같이 지켜왔다. 학생 조회 시간에 학교장 훈화를 준비하기 위해서 며칠 전부터 고심하곤 했었다. 생활지도 영역에서 학교폭력과 관련된 인성문제, 교우관계 등은 물론 학교 교육과정 운영과 연관된 시사적인 것들을 고려해서 훈화를 준비하곤 했었다. 학교장의 훈화는 학생들을 대상으로 하는 것이지만 선생님들이 학습지도, 생활지도를 철저히 하라는 속내를 비치기도 하였다. 그렇게 고집스럽게 했던 훈화를 통해서 학생들에게 어떤 교육성과를 거두었는지 언급하지는 않겠다.
>
> 교육 현장에 있으면서 필자는 학교에서 발생하는 제 문제는 학생 교육활동을 주도하는 교원들이 책임을 져야 한다는 철학을 갖고 있었다. 학생의 가정적인 환경이나 개인 인성문제로 책임을 전가해서는 안 된다고 생각했다. 학생들이 가정에서의 문제가 있을 때 학부모가 책임지듯 학교에서의 문제는 선생님들

에게 책임이 있음을 강조했다. 아무리 교육 현장에서 사제 간의 위계가 무너졌다 해도 문제학생 지도를 포기하고 방관하는 것은 있을 수 없는 일이다. 선생님들이 암울한 교육현실을 외면해서는 안 된다. 시대적 소명의식을 갖고 문란해진 교육 현장을 바로 세워야 할 책임은 선생님한테 있는 것이다.

—「무너진 사제 간의 위계」 일부

위의 지문은 교육자로서의 철저한 사명의식과 작가의 교육철학을 여실히 보여주고 있다고 하겠다. 올바른 훈화교육을 통한 인성함양교육과 사제 간의 신뢰회복을 위한 투철한 사명감 등을 통하여 바른 교육자상을 작가는 정립하고 있음을 알 수 있을 것이다.

관리자와 학교 구성원 간에 교육이란 크나큰 문제에 대하여 서로 머리를 맞대고 문제해법을 찾기 위한 노력은 학교폭력과 같은 교내문제를 방비하는 대비책이 될 수 있을 것이며 올바른 생활지도를 통한 교육 본연의 자리를 찾기 위한 방법이 될 수 있을 것이다.

특히 김종범 작가는 효(孝)에 대한 교육에 관심을 기울여 훈화를 통하여서나 기타 교육적인 방법을 적용하여 소기의 성과를 거두지 않았나 하고 생각하게 된다. 그의 연어와 가물치에 대한 소고(小考)는 듣는 이들에게 감동을 주기에 충분하여 교육적으로 소기의 목적을 달성하기에 충분하다고 생각한다.

교육을 한마디로 얘기한다면 '사람을 사람답게 키우는 일'이라고 할 수 있다. 교육이 국가정책이나 사회적으로 차지하는 영역과 영향력에 비한다면 그 심오한 교육의 개념을 그렇게 간단히 표현하기에는 너무 부족한 것 같다.

교육의 어원을 동서양으로 나누어 살펴보고자 한다. 동양에서 교육은 맹자가 쓴 『진심편(盡心篇)』에 최초로 등장한다. 여기에서 맹자는 군자의 세 가지 즐거움을 얘기하면서 득천하영재지교육삼낙야(得天下英才之敎育三樂也)라고 말하고 있다. 천하에 영재를 얻어서 가르치는 것이 세 번째 즐거움이란 뜻이다. 교육의 어원적인 풀이는 '문화와 전통, 생활풍습, 언어를 후손들에게 가르치며 바른 품성을 지니도록 양육하는 것'이라고 말한다. 서양에서의 교육은 동양에서 말하는 것과 다른 의미를 지니고 있다. 서양에서 교육을 의미하는 education은 라틴어 educere에서 파생되었다. educere는 복합어로 '밖으로'와 '이끈다'는 의미를 가지고 있다. 서양에서 말하는 교육의 어원은 '인간의 선천적인 자질을 밖으로 이끌어주는 것'이라고 할 수 있다. 동서양의 교육의 본질은 조화를 이루면서 현대교육 이론의 바탕이 되고 있다.

며칠 전에 어머니순찰대 활동을 하고 있는 자모님과 우연히 얘기를 나누게 되었다. 자모님의 얘기 중에는 "원당초에 자녀를 보내고 학부모가 된 것을 자랑스럽게 생각한다"고 했다.

—「원당교육의 소고(小考)」 일부

김종범 작가가 교장으로 재직하였던 원당초등학교에서의 교육에 대한 고찰이 아닐까 한다. 특히 학부모의 인성교육을 잘하여 학교폭력이나 집단 따돌림과 같은 문제가 미리 차단되었다는 말에 학교 교육 전반에 대한 소기의 교육성과가 이루어졌다고 짐작하게 된다. 결국 바른 인성 함양과 학습능력 향상을 위해 부단히 노력하는 학교 교육의 성과가 학부모의 말을 통해 입증이 되었다는 증거가 아닐까 한다.

공자(孔子)의 인생삼락(人生三樂)에 버금가는 것이 맹자(孟子)의 군자삼락(君子三樂)이 아닐까 한다. 맹자(孟子)는 『진심편(盡心篇 上 20)』에 이르기를 "父母俱存 兄弟無故 一樂也(부모가 살아계시고 형제가 무고한 것이 첫 번째 즐거움이요), 仰不愧於天 俯不怍於人 二樂也(하늘을 우러러보고 사람을 굽어보아도 부끄럽지 않음이 두 번째 즐거움이요), 得天下英才而教育之 三樂也(천하의 영재를 얻어 교육하는 것이 세 번째 즐거움이다)"라고 하였는데, 유추하면 교육하는 즐거움이 바로 김종범 작가의 행복론이 아닐까 한다. 아성(亞聖) 맹자(孟子)의 말대로 "王天下不與存焉(천하에 왕노릇하는 것은 여기 들지 못한다)"이라는 것은 결국 사람을 사람답게 키우는 2세 교육에 헌신한 김종범 작가의 보람이고 긍지가 아닐까?

제4부 '믿음, 소망, 그리고 사랑'에는 14편의 수필이 있는데, 김종범 작가는 감리교단의 시무장로이기에 작가의 종교적인 시각에서 쓴 특이한 수필편이 아

닐까 한다. 장로 수련회의 소회와 자살은 자신을 죽이는 살인이라는 관점과 작가의 신앙 수기와 신앙생활의 단편적인 생각 등 삶과 신앙 전반에 걸친 작가의 신앙관과 체험관과 신념과 생각들이 소담하게 전개되어 있다고 하겠다.

> 성경에 나오는 인물 중에 하나님께서 가장 귀하게 쓰신 분 중의 한 분이 모세라 할 수 있다. 모세는 80세에 하나님께 부름 받았고 애굽의 노예생활에서 이스라엘 민족을 구원하라는 명을 받았다. 하나님께서 능력을 주셨고 모세는 이스라엘 민족을 젖과 꿀이 흐르는 가나안 땅으로 인도하는 대업을 이루었다.
>
> 필자는 수필 문단에 등단하여 한국문인협회 회원으로 활동하고 있다. 현재 한국방송통신대학교 국어국문학과 4학년 재학 중이기도 하다. 제대로 갖춰진 글다운 글, 독자들에게 감동을 주고 공감할 수 있는 글을 쓰기 위해 노력하고 있다. 한국 문단에 큰 족적을 남기고 싶은 것이 필자의 꿈이다. 나이 70의 인생 황혼기이지만 글을 통해서 하나님을 찬양하고 복음의 말씀을 땅끝까지 전하라는 그 사명을 감당하고자 한다. 모세에게 주셨던 하나님의 능력이 필자에게도 임하였음을 믿고 있다. 그 능력에 힘입어 복음 전도에 큰 위업을 달성하고자 하는 것이 필자의 염원이기도 하다.
>
> 이같이 하나님 사업에 동참하고 천국 백성임을 자부하면서 영생의 소망을 갖고 살아가면서 그리스도인의 진정한 삶의 의미를 되새겨본다.
>
> —「삶과 죽음 그리고 신앙」 일부

故福之爲禍, 禍之爲福, 化不可極, 深不可測也(고로 복이 화가 되고 화가 복이 되는 등, 그 변화는 끝이 없고 그 깊이는 실로 예측할 수가 없는 것이다), 위 『회남자(淮南子)』의 「인생훈(人生訓)」에 나오는 새옹지마(塞翁之馬)에 관련된 고사는 인간만사(人間萬事)의 축소판이 아닐까 한다.

그리고 '삶은 다양한 모습으로 나타나 그 정체성을 알 수 없게 만든다'는 말은 작가가 생각하는 인생관의 일면을 알게 하여 주며, 그 연계선상에 존재하는 것이 죽음이 아닐까 한다.

'불교에서는 윤회사상(輪廻思想)을 말하고 기독교에서는 영원한 삶, 천국을 이야기한다'는 작가의 종교관에서 '하나님을 믿고 자신의 죄를 회개하면 영원한 천국의 삶이 보장되기에 죽음의 공포에서 해방되는 것이다'라는 종교적 신념은 그의 생사를 초월한 사후의 세계에 대한 믿음을 알 수 있지 않을까 한다.

그리고 서문에서 "모세가 80세에 하나님의 부르심을 받아 이스라엘 민족을 애굽에서 해방시키라는 명을 수행한 것을 거울삼고 있다. 모세가 자신의 무능함 때문에 하나님의 명을 수행할 수 없다고 간청했단 것이 겸손으로 비쳐진다면 겸손은 자신의 무능을 진솔하게 드러낸 것이다"라고 강조한 것은 어쩌면 그의 겸손한 인품을 반영한 것이 아니겠는가? 그런 연유로 김종범 작가는 끊임없이 노력하여 수필 문단으로 등단하여 문인협회 회원으로 활동하기도 하고, 『논어(論語)』「학이(學而)」 모두(冒頭)의 '學而時習之 不亦說乎(배우고 때로 익히니 기쁘지 않겠는가)'라는 신념으로 방송통신대 국어국문학과에서 학문하는 즐거움으로 향학열을 불태우고 있지 않을까 한다. 그의 말처럼 '제대로 갖춰진 글다운 글로 독자들에게 감동을 주고 공감할 수 있는 글을 쓰기 위해 노력하고 있다'고 한 것은 그의 올곧은 문학관의 실천이라고 볼 수 있을 것이다. 아울러 글을 통해서 하나님을 찬양하고 사도행전 1장 8절의 "오직 성령이 너희에게 임하시면 너희가 권능을 받고 예루살렘과 온 유대와 사마리아와 땅끝까지 이르러 내 증인이 되리라"라는 말씀과 같이 복음 전도의 사명과 투철한 신앙관에 입각한 천국 백성으로서의 삶에 헌신하고자 하는 작가의 염원이 아닐까 한다.

김종범 작가가 교회에서 간증한 내용을 칼럼 형식의 글로 재구성한 것이 수필 「가치 있는 삶과 신앙」이라고 한다.

신앙 간증은 자신의 긍정적인 삶을 부각시켜 인정받고 본이 되게 하기 위함이라 할 수 있다. 그래서 자신을 미화시키는 내용이 필수적인 구성 요건이다. 필자도 역시 몇 가지 자랑을 열거하면서 하나님의 백성임을 부각시키고 있다.

기독교 교리표준인 『웨스트민스터 신앙고백서』 대교리문답과 소교리문답 1문에 사람의 첫째 되고 가장 고귀한 목적은 무엇이냐는 질문이 나오는데, 사람의 첫째 되고 가장 고귀한 목적은 '하나님을 영화롭게 하고, 그분을 영원토록 온전히 즐거워하는 것'이라는 문답이 나온다. 이것으로 미루어 김종범 작가는 인간의 가장 고귀한 목적에 부합되는 신앙과 삶이 일치가 되는 전형적인 삶을 오롯이 살고 있는 신앙인인 동시에 생활인인 것은 그의 수필을 읽어보면 누구나 쉽게 동의할 수 있지 않겠는가?

수필「가치 있는 삶과 신앙」에서 김종범 작가는 첫째, 영적인 삶의 모습에 대한 이야기를 전개하며, 매일 새벽 예배에 참석하고 그 후 헬스운동을 한다는 그의 고백을 서술하고 있다. 곧 다시 말하면 하나님의 사랑과 말씀 안에서 자신의 신앙을 잘 다듬어간다는 생각을 하면서 살아가고 있음을 알게 한다.

둘째, 지방신문 칼럼니스트로 활동하면서 어느 정도 독자층을 확보하고 있다는 자부심을 가지고 있음을 드러내고 있다.

셋째, 끊임없는 학구열이다. 공주교대를 졸업한 후 교직에 종사하면서 방송통신대학교 교육학과, 청소년교육과, 충남대학교 교육대학원 석사과정을 이수하였으며, 정년퇴임 후에도 방송통신대학교 행정학과를 졸업하고, 현재 방송통신대학교 국어국문학과 4학년에 재학 중이라는 작가의 수필 문장을 통해서 그의 학문에 대한 남다른 열정과 뜨거운 열의는 타의 추종을 불허하는 증좌가 아닐까 한다.

제5부 '자기도취에 빠진 글'에는 13편의 수필이 소주제에 걸맞게 다채롭고 아기자기한 내용으로 구성되어 있음을 알 수 있게 한다.

> 필자는 겸손이란 말에 매력을 느끼고 자주 언급한다. 제대로 실천할 용기와 의지도 없으면서 겸손한 삶에 대해서 진지하게 생각하고 때로는 겸손을 주제로 글을 쓰기도 한다.
>
> 겸손의 사전적 의미는 남을 높이고 자기를 낮추는 태도를 말한다. 서양에서 유래하는 겸손의 어원은 라틴어 'humus'이다. 'humus'라는 단어는 '흙 또는 땅'이라는 의미를 가지고 있다. 왜 겸손(humility)이라는 단어의 어원이 '흙 또는 땅'이라는 의미로부터 비롯되었을까를 생각하게 된다. 흙은 언제나 사람

들 혹은 동물들의 발밑에 있다. 사람이나 동물들 위에 흙이 존재할 수 없는 것이다. 이들의 발밑에서 흙은 삶의 바탕이 되어주기도 하며 자신보다 이들을 인정하고 세워주며 높여준다. 또한 흙은 나무의 뿌리를 보듬어 안고 있으며 열매를 맺도록 양분과 수분을 제공하기도 한다. 자기 자신보다 다른 생명체를 먼저 생각하는 것이 흙이라는 의미로 정리할 수 있을 것 같다. 겸손의 어원적 의미를 통해서 자신의 삶을 반추해보고자 한다.

—「겸손한 삶의 향기」 일부

St. Augustine(354~430)이 410년경 알렉산드리아의 주교 디오스코루스(dioscorus)에 쓴 편지에 잘 나타나 있는 것이 기독교인의 삶에 있어서 최고 덕목인 첫째도 겸손, 둘째도 겸손, 셋째도 겸손이 될 것이다.

구약성경의 잠언(18:12)에 "사람의 마음의 교만은 멸망의 선봉이요 겸손은 존귀의 길잡이니라"는 말씀은 곧 하나님은 겸손한 자를 높이시니 영혼의 거울인 마음을 겸손하게 하라는 뜻이 아닐까 한다.

『맹자(孟子)』「공손추(公孫丑) 상(上)」에 보이는 성선설(性善說)의 근간이며, 사단(四端)의 하나인 사양지심(辭讓之心)도 결국 겸손하고 양보하는 마음을 강조하고 있다고 할 것이다.

김종범 작가의 수필에 보이는 겸손의 삶을 살고 있다는 작가의 고백과 같이 우리 내면에 잠재하고 있을지 모르는 겸손의 본성이 드러나면서, 겸손을 실천하는 아름다운 삶이 사회를 정의롭게 만들지 않을까 하는 것이 작가의 소망 어린 생각이라고 할 수 있을 것이다.

필자는 서두에서 지면에 글을 게재하는 것은 자신의 알몸을 드러내는 것과 같다고 했다. 자신이 처하고 있는 위치와 환경에서 배어나는 글, 위선과 가식의 글이 아닌 진솔한 양심의 글, 지역사회를 건전하게 선도하겠다는 의지력과 사명감이 충만한 글이었으면 좋겠다는 생각이다.

지역정서를 이끌어나가고 건전한 사회풍토를 조성하여 살맛 나는 지역사회 건설에 앞장서야 할 사람이 과연 누구일까? 필자 자신에게 주어진 사명이라는 주체의식을 갖고 용기 있는 글을 써야 한다. 그런 글이 독자의 마음을 움직이고 혼탁한 지역사회를 정화시킬 수 있다는 믿음을 주게 되는 것이다.

—「독자의 마음을 움직이는 글」 일부

김종범 작가는 결국 독자들은 필자의 주관과 혼이 배어 있는 글에 공감하고 진한 감동을 느낄 수 있기에, 진실에 토대를 둔 글이야말로 신뢰감을 조성하여 독자들의 올바른 판단을 이끌 수 있다는 소신을 가지고 있다. 이것은 그의 집필 태도를 말하는 것이라고 할 것이다.

3. 갈무리

문학이 인간의 본성을 엿보게 하고, 우리 삶의 뜻을 지피게 하는 최적의 장소라고 한다면 수필은 일정한 형식을 따르지 않고, 느낌이나 체험을 생각나는 대로 쓴 산문 형식의 글이기에 우리의 내면을 유로하기 좋은 문학양식이라고 생각한다. 시나 소설이나 희곡이나 평론보다 수필은 구조와 기법이 대체로 단순하여, 남녀노소 누구를 막론하고 편하게 읽을 수 있고, 쉽게 이해할 수 있는 작품으로 알려져 있다. 그러나 수필 중에도 복잡한 구조와 세련된 수법으로 풍부하고 깊은 의미와 경험을 내포하고 있는 작품도 의외로 많다고 한다. 지적으로 세련된 접근을 하지 않으면, 이러한 수필은 쉽게 그 민낯을 제대로 드러내지 않는다. 다른 문학작품과 마찬가지로 수많은 수필 작품이 창작되어 왔고, 지금도 창작되고 있으며, 많은 독자들이 수필을 가까이 접하고 있는 것이 작금의 현실이다.

살다가 보면 기쁜 일도 많고 슬픈 일도 많을 것이며, 더욱 억울한 일도 많고, 가슴이 답답한 일도 많을 것이며 어려운 일도 많지 않겠는가? 작가는 그런 순간을 예리한 문학적 안목과 형상화로 다듬고 가다듬어 글로 마음껏 표현하고 있음은 주지의 사실이다.

작가만이 가질 수 있는 특수하고 별다른 경험과 생각과 느낌들은 독자와의 밀접한 교감을 통해 의미와 생각의 교집합을 형성하여 남다른 감회와 감동을 주기에 충분하지 않을까 한다.

감동을 주는 문학의 힘은 억지로 되는 것이 아니라 진실과 성실함과 순수함이 합하여 독자들의 마음의 문을 열어 어느덧 감동으로 자리매김하게 된다고 하겠다.

사람은 누구라도 남에게 감추고 싶은 모습과 생각과 감정들을 갖추고 있다고 한다. 작가는 묻어두고 싶은 자기만의 내밀한 비밀의 문을 진실이란 무기로 활짝 열어젖히고 마음의 문을 드러내고 있기에 더욱 강요된 침묵이 아니라 의도된 본래의 진실을 떳떳하게 드러낼 수 있다고 생각한다.

김종범 작가와 같이 생활 중에 경험하고 느끼고 생각한 것들을 창작화한 작품들은 대체로 살아 있는 작품들이 아닐까? 그리고 솔직한 글을 쓰는 사람들의 마음은 실로 깨끗하고 티 없는 높고 맑은 가을 하늘과 같지 않겠는가? 거짓된 궤변(詭辯)과는 이질적인 양처럼 희고 온순한 작가의 눈에는 거짓된 글을 쓰는 사람이나 요령이나 언어유희에 뛰어난 사람들의 글의 이면에 존재하는 오염된 정신과 어긋난 진실의 궤적에 투영된 모습의 실체가 바로 드러나지 않을까 한다.

김종범 작가의 수필집 『갈대』는 오염되지 않은 순수한 창작열로 시간을 투자한 그의 문학에 대한 열정이 엿보이고, 곡학아세(曲學阿世)하는 처세술도 경멸하며, 꺾일 줄 모르는 불굴의 의지와 문학혼(文學魂)으로 옳지 못한 일에 대하여 타협하지 않고 강하게 대항할 줄 알고, 잘못된 일과 사실을 비판하여 바른길을 모색하게 하여 정도(正道)를 떳떳이 걷게 하기에 그의 수필은 수필다운 수필의 본령(本領)에 충실하다고 하겠다.

그는 현실과 사물을 보는 지적 안목과 시야도 넓고 높아 생각도 그만큼 깊어 남보다 앞선 안목으로 멀리 내다보는 현철(賢哲)도 갖추고 있기에 다른 이와 달리 그의 작품은 격조와 품위가 느껴지는 것이 아닐까 한다.

사랑에는 흔히 신(神)의 인간에 대한 사랑과 같이 최고의 사랑으로 치부하는 아가페(αγάπη) 사랑과, 성적인 욕구를 만족시키려는 정욕적이고 육적인 사랑을 상징하는 에로스(Έρως) 사랑과 남자 친구와 여자 친구 사이에 느껴지는 애정이나 친분과 같은 필레오(φιλέω) 사랑으로 나눈다. 작가는 감리교단의 장로라는 교회중직자로서 남보다 더욱 고차원적인 사랑의 실천으로 하나님 사랑과 이웃 사랑에 앞장서는 분이니 그에게 사랑은 곧 생활의 실천이며 살아가는 방편이 아닐까 한다.

답답한 현실에서 때로는 하늘을 보고 위로를 얻으며, 문학이란 화두(話頭)가 제시하는 문학의 역할과 존재 의미를 생각하기 좋은 계절에 김종범 작가의 바람직하고 수필다운 수필을 대하니 제임스 힐턴(James Hilton)이 발표한 소설『잃어버린 지평선(Lost horizon)』에 등장하는 가상의 장소이며 이상향(理想鄕)인 샹그릴라(Shangri-La)와 같은 안식을 얻게 됨은 자명(自明)한 사실이 아닐까 한다.

> 秋雲寞寞四山空(가을 구름 아스라하고 온 산은 비어 있는데)
> 落葉無聲滿地紅(소리도 없이 땅 위로 가득 떨어지는 단풍잎)
> 立馬溪邊問歸路(시냇가에 말을 세우고 돌아갈 길을 묻는데)
> 不知身在畵圖中(내가 한 폭의 그림 속에 있는 줄을 몰랐네)
>
> —「訪金居士野居(김거사 시골집을 방문하다)」 전문

위의 한시(漢詩)는 조선 초기 문신인 삼봉(三峰) 정도전(鄭道傳)의 시인데, 가을 산의 그림과 같은 아름다운 풍경의 묘사가 마치 한 폭의 동양화처럼 생생하게 시야에 들어오는 모습을 시적으로 형상화하였다. 결국 자연 속에서 자연을 완상(玩賞)하는 작가도 자연의 일부가 되었음을 실감 나게 한다. 가을의 시(詩)가 성큼성큼 걸어 들어와 시를 읽는 이들의 가슴에 아로새겨지는 느낌에 젖게 된다고 할 것이다. 시인과 같이 가을의 주인공이 되는 기쁨을 우리는 김종범 작가의 수필집『갈대』에서 만끽하게 될 것을 확신하는 즐거움에 몰입하게 되는 기쁨을 느끼게 된다.

문학세계대표작가선 909

갈대

김종범 수필집

인쇄 1판 1쇄 2019년 12월 14일
발행 1판 1쇄 2019년 12월 21일

지 은 이 : 김종범
발 행 처 : (재)당진문화재단
주 소 : 충남 당진시 무수동2길 25-21
전 화 : 041)350-2932
팩 스 : 041)354-6605
http://www.dangjinart.kr/

펴 낸 이 : 김천우
펴 낸 곳 : 도서출판 천우
등 록 : 1992. 2. 15. 제1-1307호
주 소 : 서울시 성동구 무학봉28길 6 금용빌딩 2F
전 화 : 02)2298-7661
팩 스 : 02)2298-7665
http://moonhak.wla.or.kr
E-mail : chunwo@hanmail.net

값 13,000원

이 책은 당진문화재단 사업비로 제작되었으며 「2019 당진 올해의 문학인」 선정작품집입니다.

ISBN 978-89-7954-791-7

이 도서의 국립중앙도서관 출판예정도서목록(CIP)은 서지정보유통지원시스템 홈페이지(http://seoji.nl.go.kr)와 국가자료공동목록시스템(http://www.nl.go.kr/kolisnet)에서 이용하실 수 있습니다. (CIP제어번호: CIP2019049494)